旅游达人系列

四川·九寨沟
玩全攻略

图文全彩版

行者无疆工作室 ◎ 编著

清華大学出版社
北京

内容简介

本书为一本四川·九寨沟玩全攻略宝典，书中包括9个四川热门板块＋60个景区摄影指导＋47个作者亲历记忆＋119个玩全攻略指南＋119个特色景点详解＋127个实用达人提示＋338张精美景点图片，帮助旅客朋友省心、省钱、省力，愉快旅行。

本书分为10章，内容包括玩转四川准备、成都玩全攻略、九寨沟玩全攻略、黄龙玩全攻略、阿坝玩全攻略、甘孜玩全攻略、川藏线玩全攻略、凉山玩全攻略、川东北玩全攻略、川东南玩全攻略等，并把九寨沟等景区独立成章，以图文并茂的方式为你详细地描述了九寨沟的景点特色及旅游路线，把四川最美的风景呈现在你的眼前。

书中含有交通指南、食宿指导、路线介绍、景点详解、效果欣赏、娱乐休闲、购物消费等，应有尽有，对个人游、情侣游、家庭游、亲子游、老年游等来说，不论自助或跟团，都是随身携带的宝典。一册在手，旅游无忧。

本书封面贴有清华大学出版社防伪标签，无标签者不得销售。
版权所有，侵权必究。侵权举报电话：010-62782989 13701121933

图书在版编目(CIP)数据

四川·九寨沟玩全攻略（图文全彩版）/行者无疆工作室编著.--北京：清华大学出版社，2013
（旅游达人系列）
ISBN 978-7-302-30526-2

Ⅰ.①四… Ⅱ.①行… Ⅲ.①旅游指南—四川省②九寨沟—旅游指南 Ⅳ.①K928.971②K928.3

中国版本图书馆CIP数据核字(2012)第257979号

责任编辑：杨作梅
封面设计：杨玉兰
责任校对：王　晖
责任印制：王静怡

出版发行：清华大学出版社
　　　　网　　址：http://www.tup.com.cn, http://www.wqbook.com
　　　　地　　址：北京清华大学学研大厦A座　邮　编：100084
　　　　社 总 机：010-62770175　　　　　　　　邮　购：010-62786544
　　　　投稿与读者服务：010-62776969, c-service@tup.tsinghua.edu.cn
　　　　质量反馈：010-62772015, zhiliang@tup.tsinghua.edu.cn
　　　　课件下载：http://www.tup.com.cn, 010-62791865

印 刷 者：北京世知印务有限公司
装 订 者：三河市李旗庄少明印装厂
经　　销：全国新华书店
开　　本：170mm×230mm　　印　张：15.5　　字　数：196千字
版　　次：2013年4月第1版　　印　次：2013年4月第1次印刷
印　　数：1～4000
定　　价：39.80元

产品编号：045943-02

本书简介

本书综合了四川境内最热门的上百个景点,通过图文并茂的方式,直观生动地把四川山水、人文各色美景展现在读者面前,精美的图片和生动实用的文字,让你未到四川而对四川有全面且深刻的印象,是读者旅游前或休闲时了解四川旅游资源的最佳读本。

本书特色

9大四川热门板块:本书以四川地理与人文特点为线索,将四川旅游资源分为9大板块进行介绍。

47个作者亲历记忆:作者通过实地游览,将自己的各种见闻、心得感受全部奉献给读者。

60个景点摄影指导:书中奉献了60个四川最佳摄影景点、最美角度以及相机的使用方法。

119个玩全攻略指南:书中包含119个景点的地址、电话、门票、最佳时间、交通线路等信息。

119个热门景点详解:本书以图文并茂的形式向读者展现了精彩纷呈的四川最美的100个景点的旅游看点。

127个实用达人提示:本书的127个达人提示为背包族自助游客提供了真实有效的出行指导。

338张精美景点图片:本书选取了338张精美景点图片,展示景点的最新风貌,使读者如同身临其境。

四川·九寨沟玩全攻略（图文全彩版）

作者信息

　　本书由龙飞策划，行者无疆工作室编著，具体编写中得到了谭贤、柏松、朱俐、刘嫔、苏高、杨闰艳、刘东姣、颜勤勤、符光宇、皮小明、周旭阳、袁淑敏、谭俊杰、徐茜、杨端阳、谭中阳等人的帮助，特别是宋艳青、王力建、张国文等旅游行家给予了大力支持，在此一并表示感谢。由于作者知识水平有限，书中难免有错误和疏漏之处，恳请广大读者批评、指正。

特别声明

　　本书中所采用的景名、电话、地址、旅店名称、图片等信息，均为所属公司、网站或个人所有，本书引用仅为说明之用，绝无侵权之意，特此声明。

　　另外，在本书的编写过程中，编委会拥有完全独立的身份，不受任何商业广告影响，保证了图书内容的客观公正。本书中的旅游相关信息，在出版之前均已重新核实，但旅游信息更新较快，如果您发现书中有不准确的信息，请及时反馈给我们，以便再版时予以更新。同时，热忱希望广大旅游爱好者为我们提供最新的旅游资讯，谢谢！联系邮箱：itsir@qq.com。

编　者

目 录

第1章　转四川准备　1

美景四川：十大热门美景 …………… 2
- 01　九寨沟 …………… 2
- 02　黄龙 …………… 3
- 03　成都市 …………… 3
- 04　都江堰 …………… 4
- 05　若尔盖大草原 …………… 4
- 06　海螺沟 …………… 5
- 07　色达喇荣五明佛学院 …………… 5
- 08　川藏公路 …………… 6
- 09　四姑娘山 …………… 7
- 10　亚丁 …………… 7

美食四川：十大热门美食 …………… 8
- 01　麻婆豆腐 …………… 8
- 02　樟茶鸭 …………… 8
- 03　川味火锅 …………… 9
- 04　韩包子 …………… 9
- 05　夫妻肺片 …………… 9
- 06　达县灯影牛肉 …………… 10
- 07　担担面 …………… 10
- 08　川北凉粉 …………… 10
- 09　龙抄手 …………… 11
- 10　锅魁 …………… 11

四川·九寨沟玩全攻略（图文全彩版）

特色四川：十大经典特色 ······ 11
    01 川酒 ······ 12
    02 川茶 ······ 12
    03 川戏 ······ 13
    04 熊猫 ······ 13
    05 康巴汉子 ······ 13
    06 彝族 ······ 14
    07 茶馆 ······ 14
    08 酒吧 ······ 15
    09 小吃 ······ 15
    10 宗教名胜 ······ 15

印象四川：1分钟了解四川 ······ 16
    01 地理与气候 ······ 16
    02 面积与人口 ······ 17
    03 简称与区划 ······ 17
    04 民族与节日 ······ 18
    05 宗教与禁忌 ······ 18
    06 历史名人与影视 ······ 19

走进四川：十大旅行准备 ······ 20
    01 证件准备 ······ 20
    02 资金准备 ······ 20
    03 交通准备 ······ 20
    04 衣物准备 ······ 21
    05 食品准备 ······ 21
    06 洗护用品 ······ 21
    07 旅游保险 ······ 21
    08 数码产品 ······ 21

    09 药品准备 ······ 22
    10 其他物品 ······ 22

准备推荐线路：5条经典线路 ······ 22
    01 九寨沟经典3日游 ······ 23

目录

02　九寨沟经典5日游 …………… 23
03　川西北经典10日游 ………… 23
04　成都自助2日游 ……………… 24
05　川藏公路自驾游 …………… 24

第2章　成都玩全攻略　　25

成都必游：八景 ………………… 26
01　文殊院 ………………………… 26
02　杜甫草堂 ……………………… 26
03　武侯祠 ………………………… 27
04　青羊宫 ………………………… 28
05　大慈寺 ………………………… 28
06　锦里 …………………………… 29
07　熊猫基地 ……………………… 29
08　金沙遗址博物馆 ……………… 30

成都印象：解读 ………………… 31
01　历史与区划 …………………… 31
02　地理与气候 …………………… 31
03　民族与节庆 …………………… 32
04　成都特色文化 ………………… 32
05　旅游实用信息 ………………… 32

成都攻略：交通 ………………… 33
01　航空 …………………………… 33
02　火车 …………………………… 33
03　客车 …………………………… 34
04　区内交通 ……………………… 35

成都攻略：饮食 ………………… 35
01　成都十大川菜馆 ……………… 35
02　成都十大火锅店 ……………… 36

四川·九寨沟玩全攻略（图文全彩版）

	03	成都十大小吃店	37
成都攻略：住宿			**37**
	01	7天连锁酒店	38
	02	成都巴蜀之梦青年旅馆	38
	03	龙堂青年旅舍	39
成都攻略：购物			**39**
	01	蜀绣	40
	02	蜀锦	40
成都攻略：游玩			**41**
	01	文殊院	41
	02	杜甫草堂	42
	03	武侯祠	42
	04	青羊宫	43
	05	大慈寺	44
	06	锦里	44
	07	熊猫基地	45
	08	金沙遗址博物馆	46
	09	彭州白鹿书院	47
	10	国色天乡乐园	47
	11	成都欢乐谷主题公园	48
	12	春熙路	49
	13	昭觉寺	49
	14	望江楼公园	50
	15	都江堰	51
	16	青城山	51
	17	乐山大佛	52
	18	洛带古镇	53
	19	峨眉山	53
	20	三星堆	54
	21	西岭雪山	55

目录

　　22　平乐古镇 ······················· 55
　　23　瓦屋山国家森林公园 ··········· 56

第3章　九寨沟玩全攻略　57

九寨沟必游：八景 ················ 58
　　01　五花海 ························ 58
　　02　五彩池 ························ 59
　　03　神仙池 ························ 59
　　04　树正群海 ······················ 60
　　05　诺日朗瀑布 ···················· 61
　　06　中查沟 ························ 61
　　07　老虎海 ························ 62
　　08　珍珠滩 ························ 63

九寨沟印象：解读 ················ 63
　　01　历史与区划 ···················· 64
　　02　地理与气候 ···················· 64
　　03　民族与节庆 ···················· 64
　　04　九寨沟特色文化 ··············· 64
　　05　旅游实用信息 ················· 65

九寨沟攻略：交通 ················ 65
　　01　航空 ·························· 65
　　02　火车 ·························· 66
　　03　汽车 ·························· 66

九寨沟攻略：饮食 ················ 66
　　01　烤全羊 ························ 66
　　02　凉拌牦牛肉 ···················· 67
　　03　虫草鸭 ························ 68
　　04　洋芋糍粑 ······················ 68

九寨沟攻略：住宿 ················ 68
　　01　草根人家 ······················ 69

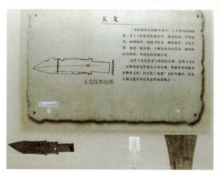

四川·九寨沟玩全攻略（图文全彩版）

  02 九寨沟国际青年旅舍 ········· 69
  03 荷叶迎宾馆 ················· 70
  04 喜来登国际大酒店 ··········· 70

九寨沟攻略：购物   70
  01 羌族刺绣 ··················· 71
  02 松贝 ······················· 71
  03 冬虫夏草 ··················· 72
  04 唐卡 ······················· 72

九寨沟攻略：游玩   72
  01 五花海 ····················· 73
  02 五彩池 ····················· 74
  03 神仙池 ····················· 74
  04 树正群海 ··················· 75
  05 诺日朗瀑布 ················· 76
  06 中查沟 ····················· 76
  07 老虎海 ····················· 77
  08 珍珠滩 ····················· 78
  09 荷叶寨 ····················· 78
  10 卧龙海 ····················· 79
  11 犀牛海 ····················· 80
  12 火花海 ····················· 80
  13 芦苇海 ····················· 81
  14 盆景滩 ····················· 82
  15 镜海 ······················· 82
  16 孔雀河道公园 ··············· 83
  17 熊猫海 ····················· 84
  18 箭竹海 ····················· 84
  19 天鹅海 ····················· 85
  20 季节海 ····················· 86
  21 长海 ······················· 87

22　原始森林 ·················· 88

第4章　黄龙玩全攻略　　89

黄龙必游：五景 ··················· 90
　　01　黄龙洞 ··················· 90
　　02　五彩池 ··················· 91
　　03　黄龙古寺 ················· 91
　　04　洗身洞 ··················· 92
　　05　金沙铺地 ················· 92

黄龙印象：解读 ··················· 93
　　01　历史与区划 ··············· 93
　　02　地理与气候 ··············· 93
　　03　民族与节庆 ··············· 93
　　04　黄龙特色文化 ············· 94
　　05　旅游实用信息 ············· 94

黄龙攻略：交通 ··················· 94
　　01　航空 ····················· 94
　　02　火车 ····················· 95
　　03　汽车 ····················· 95

黄龙攻略：饮食 ··················· 95
　　01　贝母鸡 ··················· 96
　　02　血肠 ····················· 96
　　03　人参果饭 ················· 97

黄龙攻略：住宿 ··················· 97
　　01　川主寺高原酒店 ··········· 98
　　02　华龙山庄 ················· 98
　　03　瑟尔嵯国际大酒店 ········· 98

黄龙攻略：购物 ··················· 99
　　01　牛角梳 ·················· 100

02 茂汶苹果 …………………… 100
03 牦牛肉 ……………………… 101
黄龙攻略：游玩 101
01 黄龙洞 ……………………… 101
02 五彩池 ……………………… 102
03 黄龙古寺 …………………… 103
04 洗身洞 ……………………… 103
05 金沙铺地 …………………… 104
06 迎宾池 ……………………… 105
07 娑萝映彩池 ………………… 105
08 飞瀑流辉 …………………… 106
09 莲台飞瀑 …………………… 107
10 盆景池 ……………………… 107
11 明镜倒影池 ………………… 108
12 争艳彩池 …………………… 109
13 玉翠彩池 …………………… 109
14 映月彩池 …………………… 110
15 龙背鎏金瀑 ………………… 111
16 雪宝顶 ……………………… 111
17 松潘 ………………………… 112
18 牟尼沟 ……………………… 113
19 川主寺 ……………………… 113
20 丹云峡风景区 ……………… 114

第5章　阿坝玩全攻略　115

阿坝必游：三景 116
01 格尔登寺 …………………… 116
02 瓦切塔林 …………………… 117
03 花湖 ………………………… 117

目录

阿坝印象：解读 ·················· **118**
   01   历史与区划 ················ 118
   02   地理与气候 ················ 118
   03   民族与节庆 ················ 118
   04   阿坝特色文化 ··············· 119
   05   旅游实用信息 ··············· 119

阿坝攻略：交通 ·················· **119**
   01   航空 ···················· 119
   02   客车 ···················· 120
   03   区内交通 ················· 120

阿坝攻略：饮食 ·················· **120**
   01   酸菜面块 ················· 121
   02   手抓肉 ··················· 121
   03   瓦切鱼 ··················· 122
   04   清炒山珍 ················· 122
   05   酥油茶 ··················· 122

阿坝攻略：住宿 ·················· **123**
   01   九曲第一湾帐篷宾馆 ·········· 123
   02   郎木寺宾馆 ················ 123
   03   红原宾馆 ················· 124
   04   香巴拉宾馆 ················ 125
   05   大藏古格王朝酒店 ············ 125

阿坝攻略：购物 ·················· **125**
   01   水晶 ···················· 126
   02   雪茶 ···················· 126
   03   木耳 ···················· 127
   04   野生藏药 ················· 127
   05   羌族乐器 ················· 127

阿坝攻略：游玩 ·················· **128**
   01   格尔登寺 ················· 128

02	瓦切塔林	129
03	花湖	130
04	色格寺	130
05	郎依寺	131
06	索克藏寺	132
07	万象大慈法轮林	132
08	月亮湾	133
09	九曲黄河第一弯	134
10	卓克基土司官寨	134
11	松岗碉楼	135
12	梭磨河谷	136
13	桃坪羌寨	136
14	卧龙自然保护区	137
15	达古冰川	138

第6章　甘孜玩全攻略　139

甘孜必游：三景 140
- 01 海螺沟 140
- 02 亚丁三神山 140
- 03 跑马山 141

甘孜印象：解读 142
- 01 历史与区划 142
- 02 地理与气候 142
- 03 民族与节庆 142
- 04 甘孜特色文化 143
- 05 旅游实用信息 143

甘孜攻略：交通 144
- 01 航空 144
- 02 客车 144

目录

  03 区内交通 144

甘孜攻略：饮食 144
  01 藏家月饼 145
  02 吹肺 145
  03 酥油茶 145

甘孜攻略：住宿 146
  01 登巴客栈 147
  02 卡萨大酒店 147
  03 金山饭店 147

甘孜攻略：购物 148
  01 蒙顶茶 148
  02 白菌 148
  03 九龙花椒 149

甘孜攻略：游玩 149
  01 海螺沟 149
  02 亚丁三神山 150
  03 跑马山 151
  04 木格措 151
  05 南无寺 152
  06 新都桥 153
  07 泸定桥 153
  08 上里古镇 154
  09 洛绒牛场 155
  10 亚丁村 155
  11 五色海 156
  12 茹布查卡温泉 157

第7章 川藏线玩全攻略 159

川藏线必游：三景 160
  01 四姑娘山 160

- 02 梭坡古碉 ……………………… 160
- 03 德格印经院 …………………… 161

川藏线印象：解读 ……………… 162
- 01 历史与区划 …………………… 162
- 02 地理与气候 …………………… 162
- 03 民族与节庆 …………………… 162
- 04 川藏线特色文化 ……………… 163
- 05 旅游实用信息 ………………… 163

川藏线攻略：交通 ……………… 164

川藏线攻略：饮食 ……………… 164
- 01 牛肉面 ………………………… 164
- 02 鲁朗石锅鸡 …………………… 165
- 03 酸奶子 ………………………… 165

川藏线攻略：住宿 ……………… 165
- 01 卡萨饭店 ……………………… 166
- 02 丹巴公寓 ……………………… 166
- 03 嘉绒大酒店 …………………… 167

川藏线攻略：购物 ……………… 168
- 01 天珠 …………………………… 168
- 02 面具 …………………………… 168
- 03 藏毯 …………………………… 169

川藏线攻略：游玩 ……………… 170
- 01 四姑娘山 ……………………… 170
- 02 梭坡古碉 ……………………… 171
- 03 德格印经院 …………………… 171
- 04 甲居藏寨 ……………………… 172
- 05 美人谷 ………………………… 173
- 06 甘孜寺 ………………………… 173
- 07 阿须草原 ……………………… 174
- 08 马尼干戈 ……………………… 175
- 09 松格玛尼石经城 ……………… 175

目录

　10　色达喇荣五明佛学院……………176

第8章　凉山玩全攻略　　177

凉山必游：三景……………………178
　01　西昌卫星发射基地……………178
　02　螺髻山…………………………178
　03　邛海……………………………179

凉山印象：解读……………………180
　01　历史与区划……………………180
　02　地理与气候……………………180
　03　民族与节庆……………………181
　04　凉山特色文化…………………181
　05　旅游实用信息…………………181

凉山攻略：交通……………………182
　01　航空……………………………182
　02　火车……………………………182
　03　客车……………………………182
　04　区内交通………………………183

凉山攻略：饮食……………………183
　01　坨坨肉…………………………183
　02　烤小猪…………………………183
　03　猪肠血米………………………184

凉山攻略：住宿……………………185
　01　清音山馆………………………185
　02　天鹅湖宾馆……………………185
　03　邛海宾馆………………………186

凉山攻略：购物……………………187
　01　松茸……………………………187
　02　苦荞茶…………………………187

XV

03　彝族服饰……………………188
凉山攻略：游玩……………………189
　　01　西昌卫星发射基地…………189
　　02　螺髻山……………………190
　　03　邛海………………………190
　　04　泸沽湖……………………191
　　05　会理古城…………………192
　　06　彝海………………………192
　　07　木里寺……………………193

第9章　川东北玩全攻略　195

川东北必游：三景…………………196
　　01　阆中古城…………………196
　　02　古蜀道……………………196
　　03　邓小平故居………………197
川东北印象：解读…………………198
　　01　历史与区划………………198
　　02　地理与气候………………198
　　03　川东北特色文化…………198
　　04　旅游实用信息……………199
川东北攻略：交通…………………200
　　01　航空………………………200
　　02　火车………………………200
　　03　客车………………………200
　　04　区内交通…………………200
川东北攻略：饮食…………………201
　　01　剑门豆腐…………………201
　　02　女皇蒸凉面………………201
　　03　蓉城鸳鸯卷………………202

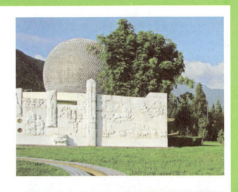

川东北攻略：住宿	203
01　天一青年旅舍	203
02　赛嘉快捷酒店	203
川东北攻略：购物	204
01　阆中张飞牛肉	205
02　西充脐橙	205
川东北攻略：游玩	206
01　阆中古城	206
02　古蜀道	207
03　邓小平故居	207
04　凌云山	208
05　中国死海	209

第10章　川东南玩全攻略　　111

川东南必游：三景	112
01　蜀南竹海	112
02　恐龙博物馆	112
03　兴文石海	113
川东南印象：解读	114
01　历史与区划	114
02　地理与气候	114
03　川东南特色文化	114
04　旅游实用信息	115
川东南攻略：交通	116
01　航空	116
02　火车	116
03　轮船	116
04　客车	116
05　区内交通	116

四川·九寨沟玩全攻略（图文全彩版）

川东南攻略：饮食 ·············· 117
    01 富顺豆花 ················ 117
    02 鱼头火锅 ················ 117
    03 自贡兔肉 ················ 118

川东南攻略：住宿 ·············· 119
    01 自贡汇东大酒店 ··········· 119
    02 宜宾竹海宾馆 ············· 119

川东南攻略：购物 ·············· 120
    01 泸州老窖 ················ 121
    02 鹅肉干 ·················· 121

川东南攻略：游玩 ·············· 121
    01 蜀南竹海 ················ 122
    02 恐龙博物馆 ·············· 122
    03 兴文石海 ················ 123
    04 李庄 ···················· 124
    05 佛宝森林公园 ············ 125

四川

第1章

玩转四川准备

美景四川：十大美景排行
美食四川：十大热门美食
特色四川：十大经典特色
四川印象：1分钟了解四川
走进四川：十大旅行准备
推荐线路：5条经典线路

美景四川：十大热门美景

四川美景名扬海内外，这里有童话梦境般的九寨沟、黄龙，有川西北粗犷的高原雪山，也有丰富的名胜古迹、特色古镇。这里离西藏不远，离江南很近，多元风格汇集于此。四川历有"天下山水在于蜀"之说，并有"峨眉天下秀，九寨天下奇，剑门天下险，青城天下幽"之誉。

01 九寨沟

九寨沟位于四川省阿坝境内，以有9个藏族村寨而得名，所以又称何药九寨。九寨沟海拔在2000米以上，原始森林与沟内108个湖泊相映。来自雪山、森林的活水，在梯形状湖泊里层层过滤，形成乳白色碳酸钙结晶体，使这里的山水带有几分雪域之情，宛如一个洁净缤纷的"童话世界"。

第1章　玩转四川准备

02　黄龙

　　黄龙以彩池、雪山、峡谷、森林"四绝"著称于世。巨型的地表钙华坡谷，蜿蜒于天然林海和石山冰峰之间，宛如金色"巨龙"腾游天地。景区以奇、绝、秀、幽的风光享誉世界。

03　成都市

　　成都享有"天府之国"的美誉，成都市内旅游资源非常丰富，游客可在杜甫草堂聆听文人心声，也可在市内公园一尝慢步调生活，成都小吃也是游客不可错过的一道风景。

04 都江堰

都江堰水利工程是全世界迄今为止，年代最久、唯一留存、以无坝引水为特征的宏大水利工程，被誉为"世界水利文化的鼻祖"，是四川著名的旅游胜地。

05 若尔盖大草原

若尔盖大草原，位于青藏高原东部边缘，素有"川西北高原的绿洲"之称，地处全世界最大的高原泥炭湿地，春夏水草丰美，更有花湖如一颗璀璨明珠，点缀其中。

06 海螺沟

海螺沟位于贡嘎雪峰脚下,以低海拔现代冰川著称于世,是亚洲最大的冰川。晶莹的冰川从高峻的山谷中铺泻而下;巨大的冰洞、险峻的冰桥,使人如入神话中的水晶宫;特别是举世无双的大冰瀑布,高达1000多米,宽约1100米,比黄果树瀑布大出十余倍,瑰丽非凡。你可以搭乘缆车从空中俯瞰整条冰川,休闲之余还可享受温泉,行走杉林;或起个大早,远观冰瀑,等待日出时的万丈光芒。

07 色达喇荣五明佛学院

色达喇荣五明佛学院,也称色达佛学院,常住喇嘛近万人,堪称"世界第一"规模的庞大佛学院。这里的僧舍很壮观,密密麻麻的红色藏式小平房连绵山谷数公里,成千上万的喇嘛、尼姑居住于此,谷底和山梁上分布着几座寺庙和佛堂,身披绛红色僧袍的喇嘛和尼姑穿梭于其间,空气中充满着祥和气氛。佛学院戒律十分严格,男众女众的僧舍泾渭分明,即使是兄妹亲属,彼此也不得互访。来色达佛学院,可以体会坚忍、专注的信仰,呼吸肃穆的空气,远离都市做一场短暂的禅修,宛如置身于藏式"魔法世界"。

08 川藏公路

川藏公路是一条处处皆景点的公路。它始于四川成都，经雅安、康定进入藏区，在新都桥分为南北两线，无论选择哪一条，都历经名山大川，是一段完美的自驾之旅。

第1章 玩转四川准备

09 四姑娘山

　　四姑娘山位于阿坝境内，四座长年覆盖冰雪的山峰，如同头披白纱、姿容俊俏的四位少女。其中幺妹身材苗条、体态婀娜，贵为"蜀山之后"，常说的"四姑娘"就是指这座最高最美的雪峰。

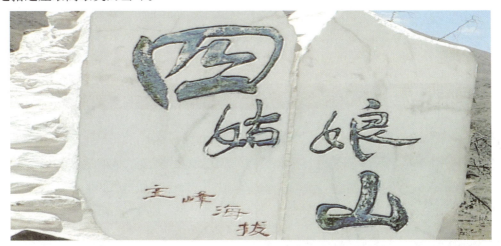

10 亚丁

　　亚丁风景区位于甘孜境内，景区以仙乃日、降边央和夏纳多吉三座雪峰为核心区，北南向分布。它是我国保存最完整的一处自然生态系统，被国际友人誉为"水蓝色的星球上的最后一片净土"。

美食四川：十大热门美食

四川美食以川菜最为著名，川菜是中国四大菜系之一。

川菜调味多变，菜式多样，仅"辣"味就分成香辣、麻辣、咸辣和微辣几种，口味清鲜醇浓并重，以善用麻辣著称。其他还有鱼香味、白油味、荔枝味、五香味和姜汁味等几十种口味，并以其别具一格的烹调方法和浓郁的地方风味著称。

除川菜外，川味火锅和四川特色小吃也很地道，去四川旅游，美味不容错过。

01 麻婆豆腐

麻婆豆腐是川菜名品，最近在网友投票中人气拔得头筹。该菜式以营养丰富的豆腐为主材料，其特色在于麻、辣、烫、香、酥、嫩、鲜、活八字，称之为八字箴言。

达人提示

相传麻婆豆腐是清同治初年成都市北郊万福桥的一家小饭店店主陈森富之妻刘氏所创制。刘氏面部有麻点，人称陈麻婆。

02 樟茶鸭

樟茶鸭属熏鸭的一种，成菜色泽金红，外酥里嫩，是四川省著名菜肴之一。此菜制作考究，选用秋季上市的肥嫩公鸭，经腌、熏、蒸、炸四道工序，又名"四制樟茶鸭"。

达人提示

此菜装盘上席也很讲究，整鸭熏好后要先斩段后整形，复原于盘中，配以"荷叶软饼"，供食者卷食，风味尤佳。

第1章 玩转四川准备

03 川味火锅

四川火锅源于清代道光年间，经过多方考证发现，其真正的发源地是酒城泸州的小米滩。其制作方法是罐中盛水，放入各种蔬菜，再添加辣椒、花椒祛湿。

达人提示

川味火锅口味以川菜的麻辣为主，吃法以煮、烫为主。品种包括毛肚火锅、清汤火锅、鸳鸯火锅、啤酒鸭火锅和魔芋火锅等上百例。

04 韩包子

1914年温江人韩玉隆在成都南打金街开设"玉隆园面食店"，其子创制出"南虾包子"、"火腿包子"、"鲜肉包子"等品种扬名成都。

达人提示

韩包子以花纹清晰、皮薄馅饱、松软细嫩为特色，正所谓"北有狗不理，南有韩包子，韩包子物美价更廉"。

05 夫妻肺片

相传，20世纪30年代的成都少城附近，有一男子名郭朝华，与其妻一道以制售凉拌牛肺片为业，由于其经营的凉拌肺片制作精细，风味独特，深受人们喜爱，被称为"夫妻肺片"。

达人提示

设店经营后，夫妻肺片在用料上更为讲究，口味也日渐丰富。

06 达县灯影牛肉

达县灯影牛肉是把牛后腿腱子肉切片后,经腌、晾、烘、蒸、炸、炒等工序制作而成,成品麻辣香甜,深受人们喜爱。

达人提示

达县灯影牛肉距今已有100多年的历史,因其肉片薄而宽,可以透过灯影,有民间皮影戏之效果而得名。其主要产地是达州和重庆。

07 担担面

担担面是著名的成都小吃。面条细薄,卤汁酥香,咸鲜微辣,香气扑鼻,十分入味。因最初是挑着担子沿街叫卖而得名。

达人提示

担担面中最有名的要数陈包包的担担面了,现在重庆、成都、自贡等地的担担面,多数已改为店铺经营,但依旧保持原有特色。

08 川北凉粉

川北凉粉采用优质豌豆去壳,磨成细浆,过滤沉淀,制成豆粉,再经加热搅拌成糊状,装入盆、盘待用。也可用绿豆、大米等做出不同风味。

达人提示

川北凉粉始创于清朝末年,创始人谢天禄在南充渡口搭棚卖凉粉,因有其凉粉细嫩清爽,佐料香辣味浓,逐渐卖出了名气,便世代相传。

09 龙抄手

龙抄手创始于20世纪40年代,当时春熙路"浓花茶社"的张光武等几位伙计商量合资开一个抄手店,取店名时就谐"浓"字音,也取"龙凤呈祥"之意,定名为"龙抄手"。

达人提示

龙抄手的主要特色是:皮薄、馅嫩、汤鲜。抄手皮"薄如纸、细如绸",肉馅细嫩滑爽、香醇可口,原汤又白、又浓、又香。

10 锅魁

锅魁因在历史上夺当地炉食之魁而得名。四川堪称锅魁王国,各地城乡随处可见。四川锅魁,类似北方烧饼,饼中夹肉或菜,颇具特色。

达人提示

四川锅魁品种繁多,有甜、咸、白味、五香等。锅魁不分雅俗,街头巷尾、名小吃店、高级筵席上都能见到它的身影。

特色四川:十大经典特色

四川地处西北交界处,地域特色明显,去四川旅游除了要看四川最有特色的景观,尝四川最正宗的口味外,还要探秘四川这块土地独有的物产与风情。"四川四绝",即川菜、川酒、川茶、川戏,绝对可以给你带来一场视觉和味觉的川味盛宴。四川物产丰盈,更是独一无二的熊猫之乡。来四川旅游,除欣赏祖国大好河山，领略康巴汉子的彪悍神勇和远离尘嚣的藏族风情外，别忘了给亲朋好友捎带一些四川特产。

下面介绍四川的特产。

01 川酒

川酒，指产于中国四川地区的白酒，因四川产酒量大和知名品牌众多而闻名国内外。在中国消费市场上形成了"川酒云烟"的说法。

亲历记忆

在四川买酒时听闻以五粮液、剑南春、泸州老窖、全兴、沱牌、郎酒等"六朵金花"为代表的传统白酒，几乎占了全国名酒的40%。

02 川茶

四川多高山，盆地气候温和、潮湿，适合茶树生长，因而川茶浓香味美，堪称一绝。川茶可以分为蒙顶茶、峨眉山茶、青城茶、屏山茶、蒙顶甘露茶、观音仙茶、峨蕊和龙都香茗茶等品种。

亲历记忆

喝下午茶时，点了一杯蒙顶甘露茶，气香味醇，香味四溢，让人回味无穷。

第1章　玩转四川准备

03　川戏

川戏，又称川剧，是中国戏曲剧种之一，流行于四川东中部、重庆及贵州、云南部分地区。川戏的表演方式独特，以喷火、滚灯、变脸三大绝技而闻名天下，令人叹为观止。

亲历记忆

现场感受川戏的"变脸"，果然名不虚传，给人以震撼的视觉效果。

04　熊猫

大熊猫是中国的稀有动物，属熊科，现存的主要栖息地在中国四川、陕西等周边山区。它属于国家一级保护动物，被誉为"中国国宝"。

亲历记忆

熊猫啃竹子时憨态可掬，几只熊猫在地上打滚，脏兮兮的样子也很可爱。

05　康巴汉子

亲历记忆

在康区旅游时，康巴汉子给人印象十分深刻，俗称人域"康巴"名不虚传。

藏区按方言可以划分为卫藏、康巴和安多三块。康巴藏区位于横断山区的大山大河夹峙之中，具体来说，也就是川西的甘孜、阿坝两个藏族自治州以及西藏的昌都地区和云南的迪庆地区。

06 彝族

彝族是四川境内人数最多的少数民族,主要聚居在大小凉山与安宁河流域。彝族是一个古老且具有独特文化的民族,有自己的语言文字和历法。

亲历记忆

农历六月二十四是彝族最盛大的节日——火把节,下次来四川一定要亲自参与一次。

07 茶馆

成都号称是"一座来了就不想离开的城市"。"坐茶馆"是成都人的特别嗜好,因此,小茶馆在成都大街上无处不在。而且成都的茶馆独具风格,具有浓郁的成都味。

第1章 玩转四川准备

亲历记忆
成都的茶馆是感受成都最好的方式,尤其设在公园的茶馆,让我感到了浓浓的成都味。

08 酒吧

成都酒吧在国内享有盛名,尤其是近几年成都成为"选秀之都",很多源于驻场歌手的"超女"成为成都酒吧的活招牌,成都酒吧也因此为全国游客所熟知。

亲历记忆
成都的酒吧一般依傍中高档社区而存在,玉林小区的酒吧一条街就很不错。

09 小吃

四川小吃之所以深受人们喜爱,是因其自身独特的麻辣、香辣等菜品风味。其特色在于:一是风味突出,二是善于用汤,三是注重质量,四是根据时令翻新花样,因而广受欢迎。

亲历记忆
四川的大街小巷都是小吃,辣的、甜的、麻的,口味丰富,三响炮让我印象深刻。

10 宗教名胜

四川名胜很多,因宗教而得名的景点也很多,峨眉山、青城山、色达佛学院等景

点,都因披上了宗教的色彩显得神秘而独具特色。

亲历记忆

一下色达佛学院的巴士,眼前的一幕让我十分震撼,不管你对宗教的信仰是否虔诚,来到这里,都会感觉到它有魔力。

印象四川:1分钟了解四川

01 地理与气候

地理	四川位于我国西南地区、长江上游,西有青藏高原相扼,东有三峡险峰重叠,北有巴山秦岭屏障,南有云贵高原拱卫,形成了闻名于世的四川盆地
气候	四川位于亚热带范围内,由于复杂的地形和不同季风环流的交替影响,气候复杂多样,差异显著。东部盆地属亚热带湿润气候,冬暖、春早、夏热、秋雨、多云雾、少日照、生长季长。西部高原在地形作用下,以垂直气候带为主

02 面积与人口

面积	四川总面积为48.5万多平方公里，列于新疆、西藏、内蒙古和青海四省区之后，居全国第五位
人口	四川总人口为8041.8万人，列于广东、山东和河南三省之后，居全国第四位，是西部人口最多的省份

03 简称与区划

简称	四川省简称川或蜀
区划	四川省共有18个地级市(成都市、自贡市、攀枝花市、泸州市、德阳市、绵阳市、广元市、遂宁市、内江市、乐山市、南充市、宜宾市、眉山市、广安市、达州市、雅安市、巴中市、资阳市)和3个自治州(阿坝藏族羌族自治州、甘孜藏族自治州、凉山彝族自治州)及181个县级单位

04 民族与节日

民族	四川境内共有55个少数民族，其中世居的有14个民族，按省内人口的多少依次为彝族、藏族、羌族、苗族、回族、蒙古族、土家族、傈僳族、满族、纳西族、布依族、白族、壮族、傣族。少数民族人口约570多万人，占全省人口总数的7%。四川是"中国第二大藏区"、"唯一的羌族聚集区"、"最大的彝族聚集地"
节日	四川的主要节日有彝族火把节(六月二十四日)、彝族二月八(二月初八)、羌族羌年(十月初一)、羌族端午节(五月初五)、苗族赶苗节(二月十三和七月初三)和苗族赠带节(二月初五)等

05 宗教与禁忌

宗教	四川省的宗教主要有佛教(汉传佛教、藏传佛教、南传上座部佛教)、道教、原始地区宗教、伊斯兰教、基督教和天主教等
彝族禁忌	对小孩子忌用"漂亮"、"胖嘟嘟"、"重"等赞美语言。进彝家需要坐在火塘上方客座，不能坐错，不能与"毕摩"(祭师)嬉笑打骂。忌用脚蹬锅庄石，不能跨过人家火塘；孕妇不能参加婚礼，禁食马、骡、狗、猫、猴肉。在藏区忌穿短裤，进入藏民居室，不可用脚踩门槛，也不可在他人面前吐痰，更不可在藏区随意伤害畜鸟
藏族禁忌	禁忌在别人后背吐唾沫，拍手掌；行路遇到寺院、玛尼堆、佛塔等宗教设施，必须从左往右绕行；不得跨越法器和火盆；经筒、经轮不得逆转；忌讳别人用手触摸头顶；忌讳用手触摸藏服

续表

傈僳族禁忌	在长辈面前不说脏话，忌用恶言毒语伤人，禁止偷盗以及其他不良行为。供奉祖先的屋角之物忌随便移动。不能从家里的火塘上跨过。忌坐门槛，禁止砍伐神树及伤害布谷鸟。忌食马、骡、狗肉等

06 历史名人与影视

历史名人	四川历史辉煌灿烂，有过很多名人，闻名中外的有：武则天、杨贵妃、卓文君、司马相如、李白、欧阳修、三苏、邓小平和朱德等
影视	关于四川的影视作品非常丰富，著名的主要有《西游记》、《卧虎藏龙》、《英雄》和《十面埋伏》等。这些影视作品将四川的九寨沟、蜀南竹海等景点推向全国，乃至世界。近年来，《大生活》、《英雄无名》等央视大戏也在成都取景

走进四川：十大旅行准备

当你准备开始一段美妙的旅程时，千万要周密思考，根据自身需要，带好切实需要的物品，以免给旅途带来不便，影响旅途心情。如果要进行长途旅行，最好事先了解旅游目的地的特征，做好相应准备。由于地理原因，在四川黄龙等地可能会发生高原反应，要做好物质和心理准备。

01 证件准备

身份证必带，因为身份证是旅程最主要的身份凭证。

如果自驾游一定不要忘了带驾照。这些证件没带、忘带的话，很难顺利展开愉快的旅程。

如果有学生证、军官证、老年证等证件最好也带上，因为门票、车票有些证件是可以打折的。

02 资金准备

准备好旅游途中充足的资金，带好银行卡、储蓄卡。最好提前预算好旅途费用，包括交通费用、住宿费用、餐费、景点门票费用以及途中购物消费等费用。

最好随身带足够的现金，尤其是去边远地区时，有很多地方多无法使用ATM。身边有足够的现金才能保证旅途愉悦，但同时要注意现金的保管，以防遗失。

03 交通准备

要提前买好飞机票、火车票、汽车票等，在出发前一定要确保车票拿到手。
自驾游的朋友要检查好自己的车况、油量和导航系统等。
徒步或者骑自行车出门旅游的话，地图是必要的，以免迷路。

04 衣物准备

衣服	去川西北地区，天气变化无常，即使是夏天，也要携带足够的衣物
鞋子	在四川旅游，一双结实、轻便、防水透气的鞋是必要的，最好是厚底鞋

05 食品准备

准备一些家乡风味的特产带在路上食用，如辣椒酱、豆制品等，当遇到饮食不合自己的口味时，利于下饭。还可以带些熟食、饼干、巧克力等热量物品，以便途中应急充饥。

06 洗护用品

现在的很多酒店都不提供一次性洗护用品，出门一定记得带上毛巾、牙膏、牙刷。另外，香皂、洗发液也是少不了的，不要临时去买，那样很麻烦。

男士最好备有刮胡刀。女士最好带上润唇膏、护手霜、防晒霜、卫生纸及通用湿纸巾等生活必需品。

07 旅游保险

出发前最好买一份旅游意外伤害险，如果有意外情况发生，保险公司会给你补偿一定的财物损失。如果是跟团旅游，旅行社是可以送你保险的。如果是自驾游一定要确保已买好车保。去探险、攀岩的话应先在保险公司买好人身意外险。

08 数码产品

出门旅游，手机及充电器是必须要带的，因为在旅游时及时给家里打电话报平安是首要任务，还有在途中如果遇到事情，通讯工具可以方便联系。充电器可以随时保证你的通讯工具畅通，最好再备一块备用电池。

爱好摄影的朋友，照相机、摄像机的充电及备用电板更为重要。在川西北旅游时，尤其是雪山地区，气温很低且昼夜温差大，需要带好器材的保暖用具。

09 药品准备

出门在外，保证身体健康很重要，适当地带一些应急药品，可以做到有备无患。

常用药品有：晕车药、维生素、创可贴、纱布胶布、感冒灵、胃药及眼药水等。川西北地区地处高原，还要备有红景天、百服宁、维生素及速效救心丸等抗高原反应的药品。

10 其他物品

其他杂物有时候也是在旅途中不可缺少的，如雨具、打火机、防水裤、帐篷睡袋等。

可以专门分一个袋子出来装这些必带物品，这样就不容易在途中弄丢，也比较容易找到，还会比较卫生。现在很多旅行社都有专用旅游袋发放，一定要记得要一个。

头、脸是女性最注意呵护的。帽子和太阳镜应必带，帽子最好是长舌的或是宽沿可折叠的那种。戴一顶实用又色彩鲜艳的帽子既可遮挡紫外线，也可做留影时的点缀。雨伞也有异曲同工之妙。

准备推荐线路：5条经典线路

四川的旅游线路在全国各大旅行社有很多种，各个地区，各种特殊路线琳琅满目、不胜枚举。这里主要结合四川全境的旅游资源，给大家推荐几条线路，这几条线路不是单纯的旅行社几日游和几个景点而已，而是串联了独具特色的四川景点，如果有足够多的空闲时间可以细细品味，你一定会有为四川美景呐喊的冲动。

01 九寨沟经典3日游

路线描述：成都—九寨沟—牟尼沟。

这条线路主要以游览成都和九寨沟等景点为主，适合短期假日旅游，可以让你快速游览四川最知名的景点，体会四川的都市生活。

第1天：成都。
第2天：九寨沟各区段。
第3天：牟尼沟。

02 九寨沟经典5日游

路线描述：九寨沟—黄龙—青城。

神往九寨沟、黄龙山水风光的游客，可以选择这条路线。

第1天：日则沟区段。
第2天：则查洼沟区段—树正沟区段。
第3天：雪宝顶—黄龙沟—红军长征纪念碑。
第4天：牟尼沟。
第5天：都江堰—青城山。

03 川西北经典10日游

路线描述：四姑娘山—稻城—亚丁—海螺沟。

该条路线可以充分游览川西北高原的雪山与藏族风情。

第1天：都江堰—四姑娘山。
第2天：四姑娘山。
第3天：丹巴东谷天然盆景。
第4天：理塘及长青春科尔寺—海子山—桑堆镇。
第5天：俄初山—贡嘎郎吉岭寺—贡嘎山—亚丁自然保护区。
第6天：冲古寺—仙乃日、央迈勇、夏诺—牛奶海与五色海。
第7天：蚌普寺—新都桥。

第8天：跑马山—贡嘎山—海螺沟。
第9天：海螺沟—贡嘎山。
第10天：海螺沟。

04 成都自助2日游

成都市内及周边旅游资源丰富，如果是短期旅游可以选择成都自助游，市内景点有青羊宫、人民公园、杜甫草堂、武侯祠等景观，而成都周围又有青城山、都江堰等秀丽优美的景区，十分方便。

路线描述：成都—都江堰—青城山。
第1天：杜甫草堂—武侯祠—锦里—青羊宫—望江楼公园—文殊院。
第2天：都江堰—青城山。

05 川藏公路自驾游

路线描述：这条线路是自驾游及骑行爱好者的热门路线，沿线从汉区进入藏区，很多名山大川令人震撼。川藏公路始于四川成都，经雅安、康定，在新都桥分为南北两线：北线(属317国道)经甘孜、德格，进入西藏昌都、邦达；南线(属318国道)经雅江、理塘、巴塘，进入西藏芒康，后在邦达与北线会合，再经八宿、波密、林芝到达拉萨。

成都

第 2 章

成都玩全攻略

成都必游：八景
成都印象：解读
成都攻略：交通
成都攻略：饮食
成都攻略：住宿
成都攻略：购物
成都攻略：游玩

成都必游：八景

成都是四川省省会，位于四川盆地最肥沃的川西平原上，是全国首批国家级历史文化名城之一。成都得名于周王迁岐"一年成聚，二年成邑，三年成都"，已有2500多年的历史，素有"天府之国"、"蜀中江南"、"蜀中苏杭"的美称，旅游资源十分丰富。

01 文殊院

文殊院位于成都市文殊院街，占地82亩，殿堂房舍190余间。始建于南朝，明代毁于兵燹。清康熙二十年(公元1681年)重建，改名文殊院，是川西著名的佛教寺院。文殊院珍藏有许多珍贵文物和上万册佛经、文献，院内所藏唐僧玄奘顶骨尤为珍贵。

02 杜甫草堂

杜甫草堂位于成都市西门外的浣花溪畔，是中国唐代伟大现实主义诗人杜甫流寓成都时的故居。公元759年冬天，杜甫为避"安史之乱"，携家入蜀，在成都营建茅屋而居,称"成都草堂"。

03 武侯祠

　　武侯祠位于成都市南门武侯祠大街,是中国唯一的君臣合祀祠庙,由刘备、诸葛亮蜀汉君臣合祀祠宇及惠陵组成。现存武侯祠庙的主体建筑建于康熙年间,享有"三国圣地"之美誉。

04 青羊宫

青羊宫是川西第一道观,坐落在成都西南郊。青羊宫内保藏有清代光绪三十二年(公元1906年)所刻的《道藏辑要》经版,共1300余块,皆以梨木雕成,每块双面雕刻,版面清楚,字迹工整,为当今我国道教典籍保存最完整的存板,是极为珍贵的道教历史文物。

05 大慈寺

大慈寺位于成都市东风路,创建于唐朝,唐玄宗赐额"敕建大圣慈寺",历经兴废,多次毁于兵火。现存诸殿为清顺治至同治年间陆续重建。唐、宋之际,寺以壁画著称,苏轼誉为"精妙冠世"。大慈寺的寺宇宏丽,院庭深广,为成都著名古寺,现为成都市博物馆。

第 2 章　成都玩全攻略

06　锦里

　　锦里由武侯祠博物馆恢复修建，现为成都市著名步行商业街，为清末民初建筑风格的仿古建筑，布局严谨有序，酒吧娱乐区、四川餐饮名小吃区、府第客栈区、特色旅游工艺品展销区错落有致。

07　熊猫基地

　　成都熊猫基地作为一项大熊猫迁地保护示范工程，致力于对大熊猫本身的保护，也将自然和人造景观有机结合,为大熊猫、小熊猫和其他濒危动物创造了一个良好的生活环境。

08 金沙遗址博物馆

金沙遗址博物馆2007年在金沙遗址原址建成开馆,展出遗址祭祀区现场及文物。在出土的金器中,有金面具、金带、圆形金饰、喇叭形金饰等30多件,其中金面具与广汉三星堆的青铜面具在造型风格上基本一致,其他各类金饰则为金沙特有。

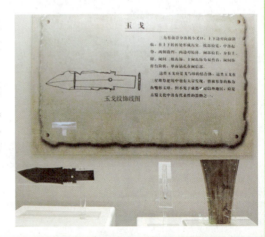

成都印象：解读

成都市位于四川省中部，现系四川省行政中心、西南科技中心、西南商贸中心、西南金融中心、西部综合交通枢纽、中国率先建立社会主义市场经济体制试点城市、金融对外开放城市、副省级市。2004年，当选"CCTV中国十大最具经济活力城市"，经济总量名列西部第一。成都也是中国开发最早、持续繁荣时间最长的城市，首批国家历史文化名城。

01 历史与区划

历史	据史书记载，大约在公元前5世纪中叶的古蜀国开明王朝九世时将都城从广都樊乡(今双流县)迁往成都，构筑城池。五代十国时，后蜀皇帝孟昶偏爱芙蓉花，命百姓在城墙上种植芙蓉树，花开时节，成都"四十里为锦绣"，故成都又被称为芙蓉城，简称"蓉城"
区划	成都市管辖10个区(青羊区、锦江区、金牛区、成华区、武侯区、温江区、新都区、龙泉驿区、青白江区、天府新区)、2个开发区(高新区、经开区)、6个县(郫县、双流县、新津县、金堂县、大邑县、蒲江县)，代管4个县级市(邛崃市、崇州市、彭州市、都江堰市)，辖区面积12390km²。成都市的市区包括：青羊区、锦江区、金牛区、武侯区、成华区、温江区、新都区、龙泉驿区、青白江区、天府新区、高新区、经开区、郫县和双流县

02 地理与气候

地理	成都位于四川中部，地处四川盆地西部，毗邻德阳市、眉山市、雅安市、资阳市、阿坝藏族羌族自治州。成都市建成区平均海拔500米，锦江、府河、沙河穿流而过。成都境内的地形较为复杂，东部为龙泉山脉和盆中丘陵，中部为成都平原，西部为邛崃山脉，最高点为苗基岭(海拔5353米)，最低点为五凤镇(海拔378米)

续表

气候	成都属于亚热带季风性湿润气候，气候温和、四季分明、无霜期长、雨量充沛、日照较少。多年年平均气温为16.2℃，年最高气温为37.3℃，年极端最低气温为-5.9℃，最热月出现在7—8月，月平均气温为25.4和25.0℃，最冷月出现在1月，月平均气温为5.6℃。下雪对于成都来说是很少见的事

03 民族与节庆

民族	成都市拥有56个民族，其中汉族人口最多。少数民族以回族人口最多，主要散居成都市建成区、青白江区弥牟镇、郫县团结镇、红光镇、彭州市和都江堰市
节庆	成都的节庆有成都灯会、火龙节和二月花会等

04 成都特色文化

四川是中国六大客家人聚居省份之一，人数约300万，主要聚居在成都的东山区和川中的沱江区域，至今仍有100多万人能讲客家方言，并保持客家人的风俗习惯。

客家人对成都及四川都有很大贡献，其中还有很多伟人和名人。比如朱德元帅，是祖籍广东韶关的客家人，他是入川客家人的第八代子孙。还有具有世界影响的文学家、考古学家和社会活动家郭沫若，也是入川客家人的第八代后裔，祖籍福建省宁化县。

05 旅游实用信息

医院	成都市的主要医院有：成都市第一人民医院（地址：高新南区繁雄大道万象北路18号；电话：028-85313526），成都市第一人民医院分院（地址：成都市红星路一段44号；电话：028-86915505），成都市中医结合医院（地址：高新南区繁雄大道万象北路18号；电话：028-86914657）
银行	成都市区有各个银行的网点，银联卡可以在各个ATM机通用取款
网吧	网吧收费在2～5元不等

续表

复印冲洗	成都是个摄影王国，这里的冲印服务遍地都是，质量很不错
最佳旅游时间	成都全年适宜旅游，但8—10月是最佳旅游季节

成都攻略：交通

01 航空

成都双流国际机场是中国中西部地区最繁忙的民用枢纽机场、中国西南地区的航空枢纽和重要客货集散地。全国70多个大中城市有航班飞往成都，香港、曼谷、新加坡、东京等8个国际城市和地区也有航线往返成都。该机场有两个候机楼，新候机楼2001年启用，主要是执飞国内及国际航线；旧候机楼作为川内及重庆航线使用。

机场巴士为303路公交车。成都机场至市区发车时间以进港航班时间为准，滚动发车，客满即走。市区至成都机场发车时间：5:00—18:00，每隔10～15分钟一班，票价：10元/人。市内售票处在人民南路二段岷山饭店(国航售票处旁，锦江宾馆正对面)。普通公交124、300、304、318、804等线路，连接市内各个车站和机场。

02 火车

成都是西南地区最大的铁路枢纽，是成渝、宝成、成昆、达成等铁路干线的起点，全国20多个大中城市有列车直达成都。

成都火车站(北站)位于成都市北二环路上，车站设有两个售票处，即车站售票处和市内售票所(市中心人民商场对面的东御街6号)，均可发售10日以内全国各站的车票。电话：028-83179580、83171762、83332633。

成都火车南站位于武侯区，部分在成昆、成渝线开行的列车从这里经过，到达攀枝花、西昌、重庆北等。电话：028-85136245。

03 客车

成都是西南地区最大的公路枢纽，有108国道、213国道、317国道、318国道、319国道和321国道6条国道在此交汇。成都各长途汽车站均有往返旅游班车前往九寨沟、黄龙、稻城、峨眉山、乐山、康定、都江堰、资阳、内江、自贡、宜宾、德阳、绵阳和雅安等旅游景区。

1．新南门车站(成都市旅游集散中心)

位置交通：位于新南路、成都新南门大桥旁边，可乘坐6、28、49、55、301路等公交车到达。

发往地区：成都周边，以及川内知名旅游景区。

2．城北客运中心

位置交通：位于五块石立交桥旁。

发往地区：川东、川北方向，到南充、巴中、达州等地。

3．荷花池客运中心

位置交通：位于二环路北三段301号、荷花池服装市场对面。

发往地区：成渝沿线、川南沿线和川东沿线。

4．北门汽车站(梁家巷汽车站)

位置交通：位于成都市一环路，可乘27、34路公交车在梁家巷下车。

发往地区：主要是发往川南部分城市。

5．五桂桥汽车站(成都汽车总站)

位置交通：位于成都市东面、塔子山公园旁边，可乘2、4、21、37、49、58路公交车到达。

发往地区：成渝、内宜高速沿线，其中包括重庆、宜宾、自贡、南宁、桂林和涪陵等地。

6．茶店子客运站

位置交通：位于市郊二环路，可乘2、4、98、221路公交车到达。

第 2 章　成都玩全攻略

发往地区：四川西、北部的藏区以及一些著名的景区。

7. 沙车站

位置交通：位于二环路以外、西南财大对面、麦德龙超级市场旁边。

发往地区：温江、新津、眉山、郫县、龙泉等成都各区县。

04　区内交通

公交车	成都市公交网络四通八达，可以到达任何市内及近郊旅游景区、景点。市内公交车分普通车和高档车两种，车费从1元到数元不等
出租车	成都的出租车起步价分两种：普通车8元(2公里)，之后1.9元/公里；速腾车型起步价9元，但是绝大多数出租车还是5元的。超过10公里加收50%的空返费，计价表显示为每公里2.1元。打车后记得索要计程发票

成都攻略：饮食

　　成都饮食以川菜为主，川菜有七滋八味九杂，七滋是指：酸、甜、苦、辣、麻、香、咸。八味是指：鱼香、麻辣、酸辣、干烧、辣子、红油、怪味、椒麻。九杂是指用料之杂。川菜常有的家常味型有鱼香味型、怪味型、麻辣味型等20多种，花色品种4000种以上。成都小吃品种也很丰富，且口味供选择的余地较大，常用的口味就有香甜、咸甜、椒麻、红油、怪味、家常、麻辣、咸鲜、糖醋、芥末、蒜泥等十余种。不习惯川菜的游客可以选择品尝小吃，肯定不会让你失望。

　　成都热门餐馆推荐如下。

01　成都十大川菜馆

老成都公馆菜

地址：草堂北大门侧

电话：028-87320016

巴国布衣

地址：人民南路四段20号

电话：028-85531688

四川·九寨沟玩全攻略（图文全彩版）

菜根香

地址：西延线二环路外1800米

电话：028-87536569

蜀汉酒家

地址：武侯祠大街258号

电话：028-85556988

文君酒家

地址：琴台路1号

电话：028-86120576

神仙豆花

地址：武侯祠大街11号

电话：028-85583895

陈麻婆豆腐店

地址：西玉龙街、解放北路、武侯祠大道

电话：028-86754512

钟氏香辣蟹川菜酒楼

地址：马家花园铁路二局文化宫侧

电话：028-87660095

锅巴香川菜酒楼

地址：五块石电子电器市场商务大楼

电话：028-83134093

成都狮子楼川菜馆

地址：双林路55号

电话：028-84350988

02 成都十大火锅店

皇城老妈火锅

地址：琴台路20号

电话：028-86131752

三只耳冷锅鱼

地址：玉林倪家桥，玉双路

电话：028-85579588

川江号子火锅食府

地址：玉林小区华姿路1号

电话：028-85533111

天蜀烧烤火锅大酒楼

地址：成都市省体育馆南侧

电话：028-85548261

狮子楼火锅

地址：琴台路

电话：028-84350988

成都半边桥老妈火锅总店

地址：成都市南巷子81号

电话：028-87797121

雪山珍笋火锅大酒楼

地址：成都市二环路北一段80-6号

电话：028-87682975

红鼎坊火锅大酒楼

地址：成都市新南路80号

电话：028-85445588

神仙豆花

地址：武侯祠大街11号

电话：028-85583895

成都狮子楼川菜馆

地址：双林路55号

电话：028-84350988

03 成都十大小吃店

文君楼名小吃餐厅

地址：成都市琴台路12号

电话：028-86138884

担担面

地址：太升南路108号

电话：028-86744134

赖汤圆

地址：总府街27号

电话：028-86629976

韩包子

地址：红星中路四段116号

电话：028-86667191

龙抄手

地址：春熙路南段68号

电话：028-86666947

成都餐厅

地址：上东大街134号

电话：028-66666085

钟水饺

地址：提督街7号

电话：028-86753402

成都小吃店

地址：羊市街17号

电话：028-86641138

夫妻肺片

地址：火车北站成都大酒店对面

电话：028-83318838

川北米粉

地址：红星路四段3号附6号

电话：028-86666269

成都攻略：住宿

　　成都住宿相当方便，火车站、汽车站附近有很多住宿的地方，且高、中、低档都有。考虑到出行方便，游客可以选择住在新南门汽车站周边的酒店，或者成都火车站周边的酒店。考虑到方便游览，游客可以选择入住成都繁华地段的酒店，或者距武侯祠、青羊宫较近的酒店。如果是背包族，可去成都的各家青年旅馆。

　　成都热门酒店推荐如下。

01 7天连锁酒店

7天连锁酒店为近年来崛起的假日平价连锁酒店，是第一家登陆纽交所的中国酒店集团，致力为注重价值的商旅客人提供干净、环保、舒适、安全的住宿服务。成都的7天连锁酒店有30余家，去成都旅游，入住7天是一个不错之选。

亲历记忆

成都7天连锁酒店遍布玉林南街、春熙路、火车南站和青羊宫等景区。来成都之前我就在网上订好了，一下车便直奔住宿点。

02 成都巴蜀之梦青年旅馆

成都巴蜀之梦青年旅馆位于交通便利的一环路，毗邻春熙路和九眼桥酒吧一条街，周围景点有九眼桥、合江亭和望江楼公园。旅馆开业时间是2009年8月，楼高7层，客房总数45间。该旅馆提供旅游咨询、行李保管等服务。该酒店具有很好的地理位置，对于想感受成都夜生活的青年游客是不错之选。

亲历记忆

巴蜀之梦青年旅舍还不错，我们一群同学毕业旅行就住的这里，离火车站、汽车站都不远，旁边还有许多商场。

第2章　成都玩全攻略

03 龙堂青年旅舍

龙堂青年旅舍是四川传统式四合院建筑，坐落于成都市中心一个保存得最好的古老胡同里。在这里可以遇见来自世界各地的背包游客。员工也会讲非常流利的普通话、英文。旅店的咖啡馆常备品质上佳的食物和咖啡，院落的回廊上放置着形状优美的盆景，竹编的鸟笼倚柱而挂，置身其中，感觉处处鸟语花香，是你旅途中一个温暖的驿站。龙堂青年旅社价位70元起，距成都南站6.4公里，距成都北站4公里。

亲历记忆

龙堂青年旅社位于成都青羊区宽巷子27号，这间旅舍很有田园风，而且在巷子里面，很有老成都的感觉。

成都攻略：购物

成都的购物街集中在春熙路、总府路、骡马市一带，从大型百货、超市到摊贩以及旅游纪念品一应俱全。成都的春熙路，更是一个超级购物广场，那里店铺林立、人流如织，集休闲、购物、美食于一体。春熙路中间是孙中山广场，并有大型水幕墙，周围咖啡吧、茶楼众多，在购物的同时，还可以体会一把成都休闲的生活气息。

01 蜀绣

蜀绣集中于四川成都。蜀绣在晋代被称为蜀中之宝，以软缎和彩丝为主要原料，用近百种针法，形成了具有浓厚色彩的地方风格。

亲历记忆

蜀绣题材多为花鸟、走兽、山水、虫鱼、人物，可绣于被面、枕套、靠垫、桌布等。

02 蜀锦

蜀锦是指中国成都市所出产的锦类丝织品，大多以经向彩条为基础起彩，并彩条添花，其图案繁华、织纹精细、配色典雅，独具一格，是一种具有民族特色和地方风格的多彩织锦。它与南京的云锦、苏州的宋锦、广西的壮锦一起，并称为"中国四大名锦"。

亲历记忆

蜀锦图案取材广泛，寓合纹、龙凤纹、团花纹、花鸟纹、卷草纹、几何纹、对禽对兽纹以及方方、晕裥等传统纹样为大众喜闻乐见。

第2章 成都玩全攻略

成都攻略：游玩

　　成都及其周边旅游资源非常丰富，如果是短期旅游只能选择部分景点，很难一次玩够。不过无论你来成都是为了游览景点，还是为了感受休闲安逸的生活，都不会让你失望。对历史文化比较感兴趣的可以去金沙、武侯祠等地。喜欢刺激的可以去欢乐谷、国色天乡。而成都的安逸与休闲是需要用心去体会的，只有你放开心身，才能收获一份悠闲的心情。

　　成都热门景点推荐如下。

01 文殊院

　　文殊院位于成都市市中心，是川西著名的佛教寺院，坐北朝南。天王殿、三大士殿、大雄宝殿、说法堂、藏经楼等庄严肃穆，古朴宽敞，为典型的清代建筑。文殊院两旁配以禅、观、客、斋、戒和念佛堂、职事房，形成一个封闭的四合院，两相对峙的三檐式钟鼓楼里悬有一口铜铸大钟。

摄影指导

　　文殊院内林木葱茏，侧面拍摄的话，就可以拍文殊院不一样的轮廓。

玩全攻略

- **地址** 四川省成都市青羊区文殊院街66号。
- **时间** 9:00—17:00。
- **门票** 5元。
- **最美看点** 寺院建筑及典藏。

02 杜甫草堂

杜甫先后在此居住近四年,创作诗歌流传至今的有240余首,包括耳熟能详的《闻官军收河南河北》。草堂故居被视为中国文学史上的"圣地"。杜甫离开成都后,草堂便不存,五代前蜀时诗人韦庄寻得草堂遗址,重结茅屋,使之得以保存。

摄影指导

利用中心式构图拍摄草堂一角,更显风韵。

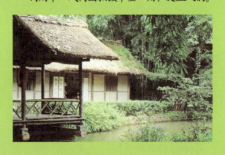

玩全攻略

地址	四川省成都市青羊区青华路37号。
时间	7:30—19:00。
门票	成人60元,学生30元。
最美看点	草堂遗址。

03 武侯祠

现存武侯祠庙的主体建筑于1672年清朝康熙年间(康熙十一年)重建,享有"三国圣地"之美誉。成都武侯祠现分文物区(三国历史遗迹区)、园林区(三国文化体验区)和锦里(锦里民俗区)三部分,面积约15万平方米。成都武侯祠是国内纪念蜀汉丞相诸葛亮的主要胜迹,以文、书、刻号称"三绝"的蜀丞相诸葛武侯祠堂碑最为知名。

第2章　成都玩全攻略

达人提示

武侯祠大门匾额为"汉昭烈庙"。大门内浓荫丛中矗立着六通石碑，两侧各有一碑廊，其中最大的一通是东侧碑廊内的唐代"蜀相诸葛武侯祠堂碑"，唐宪宗元和四年（公元809年）立，有很高的文物价值，为国家一级文物，被称为"三绝碑"。

玩全攻略

- **地址** 位于四川省成都市武侯祠大街231号。
- **时间** 8:00—18:00。
- **门票** 60元。
- **最美看点** 蜀丞相诸葛武侯祠堂碑。

04 青羊宫

青羊宫三清殿中有两只铜铸青羊，左边的独角铜羊造型十分奇特，初看是羊，细看羊为十二属相的化身，有鼠耳、牛鼻、虎爪、兔背、龙角、蛇尾、马嘴、羊须等。相传，三清殿的这对铜羊为青帝侍童所化，能治疗百病，只需摸摸羊身上与自己的病痛相应的部位，便能减除病痛。

玩全攻略

- **地址** 位于成都市青羊区成都市一环路西二段。
- **时间** 8:00—18:00。
- **门票** 5元。
- **最美看点** 道教建筑。

摄影指导

这是传说中的独角铜羊，摸完之后，别忘了留影。

05 大慈寺

据史料记载,大慈寺距今已有1600多年。大慈寺历经兴废,多次毁于兵火。现存诸殿系清代顺治后陆续重建。殿宇有天王、观音、大雄诸殿及说法堂、藏经楼等。大雄殿、藏经楼以峡石为柱,雄伟壮观。寺内殿宇宏丽,院庭幽深,古木参天。

摄影指导

大慈寺殿堂颜色十分丰富,可以利用光线增加明暗对比度。

玩全攻略

- **地址** 位于成都市锦江区大慈寺路1号。
- **时间** 8:00—17:30。
- **门票** 5元。
- **最美看点** 古建筑及当地风情等。

06 锦里

锦里指四川成都城南锦江经流地区锦官城附近一带,后人用作成都市的别称。传说中锦里曾是西蜀历史上最古老、最具有商业气息的街道之一,早在秦汉、三国时期便闻名全国。现在,锦里占地30000余平方米,建筑面积14000余平方米,街道全长550米,以明末清初川西民居作外衣,三国文化与成都民俗作内涵,集旅游购物、休闲娱乐为一体。

第2章　成都玩全攻略

达人提示

锦里还有手艺人的玩意儿，捏个泥人，转个糖画儿，买张剪纸，都是饱含童趣的东西，怀旧也是怀念童年淳朴的快乐。一条街色彩缤纷的花灯和幌子，是大俗，图的是个热闹。

玩全攻略

- **地址** 成都市武侯区武侯祠大街。
- **时间** 全天开放。
- **门票** 免费。
- **最美看点** 古建筑和特色商店等。

07 熊猫基地

成都大熊猫繁育基地位于成都市北郊斧头山上，距市区10公里，有一条宽阔的熊猫大道与市区相连，现已成为国内开展大熊猫等珍稀濒危野生动物移地保护的主要基地之一。这里常年饲养有大熊猫、小熊猫、黑颈鹤、白鹳和白天鹅、黑天鹅、雁、鸳鸯及孔雀等动物。

摄影指导

憨态可掬的大熊猫，可采取远距离抓拍。

玩全攻略

- **地址** 位于成都市外北熊猫大道26号。
- **路线** 从新南门旅游集散中心乘旅游公交专线902路直达。
- **门票** 58元。
- **最美看点** 大熊猫及熊猫纪念馆等。

08 金沙遗址博物馆

　　金沙遗址位于成都市西郊青羊区金沙遗址路。金沙遗址是中国进入21世纪第一项重大考古发现，2006年被评为全国重点文物保护单位。"金沙遗址"是民工在开挖蜀风花园大街工地时首先发现的，在沉睡了三千年之后被发掘出来，"一醒惊天下"。

玩全攻略

地址 成都市青羊区金沙遗址路2号。
路线 乘901路旅游观光车直达。
门票 80元。
最美看点 主要有太阳神鸟环、金面具和金带等。

摄影指导

近距离拍摄太阳光环，更显夺目。

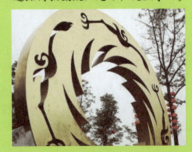

09 彭州白鹿书院

彭州白鹿书院是一座有百年历史的教堂，纯粹砖木结构的欧式建筑在深山中别有韵致。因为年久失修在地震前就已经显得破败残缺，但就如维纳斯缺胳膊反而更美一样，这里已经成为摄影人和拍婚纱照的圣地。然而"5·12"下午2点28分的大地震把书院抖成了一片废墟，面临重建。重修后的白鹿书院焕然一新，还增修了一条法国风情街，于2011年5月开街。

玩全攻略

地址 位于成都西北的彭州市。
路线 茶店子车站、金沙车站等都有到彭州的车。
门票 免费。

达人提示

在远离都市交通不便的偏远山区，居然有如此精美的建筑，而且是另一个国度、另一种文化、另一种信仰的产物！其结构精巧，设计完美和施工严谨，给人一种辉煌壮观的印象。重要的是，它还给人一种庄严肃穆的感觉，让你在经历喧嚣的城市生活后平静下来。

10 国色天乡乐园

国色天乡乐园位于成都市温江区万春镇，属国家级重点生态示范区。该项目集上千亩主题公园、五星级酒店、会议中心、高尚国际主题社区、自然生态绿地于一体，并辅以欧洲风情商业中心、国际双语学校、大型医院等完善的配套设施，旨在打造一座"国际化主题新城"。

摄影指导

国色天乡的异国情调街角，可采取三角形构图的方式进行拍摄。

玩 全 攻 略

地址 位于成都市温江区万春镇。

路线 在成都新南门车站乘坐904路车可直达。

门票 80元。

最美看点 海盗船、音乐喷泉、极速风车和丛林探险等。

11 成都欢乐谷主题公园

成都欢乐谷主题公园，是成都市文化产业重点项目和旅游产业重点项目，以"时尚、动感、欢乐、梦幻"的激情体验吸引着无数的国内外游客。公园由阳光港、欢乐时光、加勒比旋风、巴蜀迷情、飞行岛、魔幻城堡、飞跃地中海等七大主题区域组成。

摄影指导

在游乐园拍一张黑白的摩天轮，很有怀旧的味道，别具一格。

玩 全 攻 略

地址 成都市金牛区北三环一段与交大路交界处。

路线 乘88路、362路等公交车，在沙西线南站下车。

门票 130元。

最美看点 加勒比旋风主题区和巴蜀迷情主题区等。

第2章 成都玩全攻略

12 春熙路

春熙路位于成都市中心，是指东大街以北，南新街、中新街、北新街以东，总府路以南，红星路以西的范围及临街区域，面积约20公顷。春熙路是一条历史悠久、热闹繁华的商业街，是成都最具代表性、最繁华热闹的商业步行街。该区域内有商业网点700余家，网点总面积约22万平方米。这里汇集了众多品牌的各类专卖店，拥有众多的中华老字号商场。

达人提示

自从1998年被命名为中国首批"百城万店无假货"示范街后，春熙路便一改原有的老旧形象而焕然一新了。

这条成熟的商业街最关键还是有其百年老店的风采。春熙路上的亨得利钟表、精益眼镜、成都工美商场等百年老店与太平洋百货、王府井等百货交相辉映。

玩全攻略

- **地址** 成都市锦江区。
- **路线** 搭乘38路、47路、55路公交车可达。
- **门票** 免费。

13 昭觉寺

昭觉寺在成都市北郊5公里，素有川西"第一丛林"之称。它建于唐贞观年间(公元627—649)，名建元寺，宣宗时赐名"昭觉"。宋崇宁年间(公元1102—1106)，佛果克勤(宋高宗赐号圆悟禅师)说法于寺，复名昭觉。昭觉寺殿宇规模宏大，林木葱茏，为成都著名古刹之一。

摄影指导

侧面低角度拍摄的寺庙，显得巍峨气派。

四川·九寨沟玩全攻略 （图文全彩版）

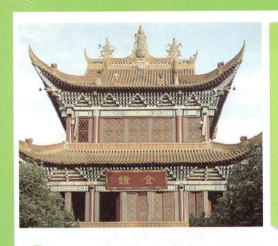

玩 全 攻 略

地址 位于成都成华区昭青路333号。
路线 乘63路、69路、70路公交车，在昭觉寺站下车即可。
门票 2元。
最美看点 山门、八角亭、天王殿、先觉堂和圆觉堂等。

14 望江楼公园

望江楼位于成都九眼桥锦江岸边，是望江楼公园最宏丽的建筑，共4层，建于清光绪十五年，下面两层四方飞檐，上面两层八角攒尖，每层的屋脊、雀替都饰有精美的禽兽泥塑和人物雕刻。因楼身位于锦江边，故名"望江楼"，现已成为成都市的标志物。

摄影指导

每年花季，望江楼内百花齐放，可以采用近距离的拍摄方式留影。

玩 全 攻 略

地址 成都市金牛区北三环一段与交大路交界处。
路线 乘88路、362路等公交车，在沙西线南站下车。
门票 130元。
最美看点 禽兽泥塑和人物雕刻。

第2章 成都玩全攻略

15 都江堰

都江堰市地处成都市城西，距成都市48公里。它以著名的都江堰水利工程而得名，距今已有2200多年的历史，是我国乃至全世界保存最完整且还在使用的水利工程。都江堰的建成使成都平原变为"天府之国"。都江堰景区很大，分山上、山下两部分，自助游游客如果时间充裕，可以在这里玩赏一整天。目前参观都江堰，必须从下游的离堆公园购买门票进入。

达人提示

每年清明节，都江堰的人们都会举行"放水节"以纪念李冰父子，游客可以参加编竹笼等古老技艺活动，体会当地风俗。同时，都江堰沿线有很多小餐馆，有各种四川特色小吃出售，其中最有名的是豆花饭及离堆公园的白果炖鸡、罗鸡肉等。都江堰的特产也很丰富，游客可选购一些赠送亲友。

玩全攻略

地址 位于成都市城西都江堰市。
路线 在成都西门汽车站、成都火车站广场，搭乘巴士都可到达。
门票 90元。

16 青城山

青城山为中国道教发源地之一，属道教名山。青城山位于四川省都江堰市西南，古称"丈人山"，东距成都市68公里，处于都江堰水利工程西南10公里处。主峰老霄顶海拔1600米。在四川名山中它与剑门之险、峨嵋之秀、夔门之雄齐名，有"青城天下幽"之美誉。

摄影指导

正面拍摄青城山景区的栈道，可增强画面的透视感，给人无限延伸的感觉。

玩 全 攻 略

地址 成都西北方约68公里处。
路线 从成都西门汽车站搭乘长途巴士前往。
门票 前山90元，后山20元。
最美看点 天师洞、建福宫、上清宫和祖师殿等。

17 乐山大佛

乐山大佛地处乐山市，岷江、青衣江、大渡河三江汇流处，雕凿在岷江、青衣江、大渡河汇流处岩壁上，依岷江南岸凌云山栖霞峰临江峭壁凿造而成，又名凌云大佛，为弥勒佛坐像。它是唐代摩崖造像的艺术精品之一，也是世界上最大的石刻弥勒佛坐像。

摄影指导

乐山大佛是绝对要拍的四川标志，采用仰视的视角拍摄更显巍峨。

玩 全 攻 略

地址 四川省乐山市南岷江东岸。
路线 成都旅游汽车站、城北客运中心，有多趟班车可达。
门票 90元。
最美看点 凌云禅院、大佛殿和东坡楼等。

第 2 章　成都玩全攻略

18　洛带古镇

洛带古镇俗名镇子场，是成都东山五场之一，是一个客家古镇。洛带古镇素有"东山重镇"之称。明末清初时期的移民运动和"湖广填四川"的历史使来自于异乡的客家人在四川洛带生了根。经过数百年的繁衍生息，形成了独特的客家风俗和客家文化。三国时期建镇，传说是因蜀汉后主刘禅的玉带落入洛带镇小镇旁的一口八角井而得"落带"之名，后演变为"洛带"。

玩全攻略

地址　位于成都市龙泉镇八角井。
路线　乘市内公交车71路到五桂桥汽车站，再转乘219路可直达洛带古镇。
门票　免费。

达人提示

这个小镇的最大特色就是有成都坝子最大的一方客家文化"码头"，来自洛带古镇、湖广、江西、川北等地的客家人，经过许多代，依然保持各自的传统、语言、习惯，成为川人中的特色一族，并保存了客家会馆。

19　峨眉山

峨眉山是我国的四大佛教名山之一。峨眉山景区面积154平方公里，包括大峨、二峨、三峨、四峨四座大山。大峨山为峨眉的主峰，通常说的峨眉山就是指大峨山。峨眉山旅游资源以优美的自然风光、悠久的佛教文化、丰富的动植物资源、独特的地质地貌而著称于世，素有"峨眉天下秀"之美誉。

摄影指导

峨眉灵猴调皮而可爱，是景点的主角之一，近拍更能抓住灵猴的神态。

玩全攻略

地址 四川省乐山市峨眉山市。

路线 可以从成都新南门汽车站，搭车前往峨眉山市。

门票 旺季120元，淡季100元。

最美看点 报国寺、伏虎寺和金顶等。

20 三星堆

三星堆遗址是中国西南地区的青铜时代遗址，因有三座突兀在成都平原上的黄土堆而得名。三星堆文明上承古蜀宝墩文化，下启金沙文化、古巴国，前后历时约2000年，是我国长江流域早期文明的代表，也是迄今为止我国信史中已知的最早的文明。

摄影指导

三星堆文物很多，尤其是青铜器，太阳神鸟即为其经典。

玩全攻略

地址 位于四川省广汉市南兴镇。

路线 成都新南门旅游集散地和城北客运中心有车直达。

门票 80元。

最美看点 三星堆文物。

第 2 章　成都玩全攻略

21　西岭雪山

西岭雪山区内有茫茫的原始林海，险峻的悬崖绝壁，数不尽的奇花异草，罕见的珍禽异兽，终年不断的激流飞瀑，以及云海、日出、森林佛光、阴阳界、日照金山等变化莫测的高山气象景观，是国家级风景名胜区。留有铜矿山、小西天、大仙峰、二仙峰、南天门、城门洞、鸳鸯池、红蛛池等诸名胜。大雪塘是景区最高峰，也有成都第一峰之称，至今无人征服。

达人提示

西岭雪山风景名胜区景观以原始森林为依托，四季可游：春看百花，夏观群瀑，秋赏红叶，冬弄冰雪。尤以高山垂直分布的四季风光最具吸引力。

西岭雪山景区水资源十分丰富，千水漂流、九瀑一线天、五彩瀑和豹啸泉为最佳水景。

玩全攻略

地址　位于成都市大邑县境内。
路线　从成都金沙汽车站每天早上有车直达。
门票　120元。

22　平乐古镇

平乐古镇早在公元前150年西汉时期就已形成了集镇，迄今已有2000多年的历史。公元970年为火井县治所在地。闻名遐迩的"九古"风华，承载了平乐道不尽、说不完的文化风韵——古街、古寺、古桥、古树、古堰、古坊、古道。而平乐古镇的"镇外之景"更令人叹为观止。

摄影指导

采用低角度拍摄，更能表现古镇风韵。

玩 全 攻 略

地址 位于四川省邛崃市平乐镇。
路线 新南门旅游车站有直达平乐古镇的旅游专线车。
门票 免费。
最美看点 古树、古街和吊脚楼等。

23 瓦屋山国家森林公园

瓦屋山国家森林公园距成都180公里，占地面积104万亩，由瓦屋山原始森林猎奇探险景区、玉屏人工林海度假区、八面山寻古览胜区等系列景区组成。核心景区瓦屋山系中国历史文化名山、道教发源地、中国鸽子花的故乡和世界杜鹃花的王国。

摄影指导

在山区拍照，如果是阴天，光线会呈现散射状，因而要注意采用散射光进行拍摄，这样画面会更加明亮清新。

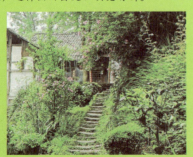

玩 全 攻 略

地址 位于眉山市洪雅县境内。
路线 成都到瓦屋山交通不是很方便，最好报团参观。
门票 52元，索道50元。
最美看点 原始森林、玉屏山人工林海等。

九寨沟

第 3 章

九寨沟玩全攻略

九寨沟必游：八景
九寨沟印象：解读
九寨沟攻略：交通
九寨沟攻略：饮食
九寨沟攻略：住宿
九寨沟攻略：购物
九寨沟攻略：游玩

九寨沟必游：八景

九寨沟因沟内分布着9个藏族村寨而得名，海拔2～3千米，属高山深谷碳酸盐堰塞地貌，以翠海、叠海、彩林、雪山、藏情"五绝"驰名中外，被誉为"梦仙境"和"童话世界"。主景长沙有6公里，面积6万多公顷，有长海、剑岩、诺日朗、树正、扎如、黑海六大景观，呈Y字形分布，以水景最为奇丽，有"世界水景之王"之称。

01 五花海

有"九寨沟一绝"和"九寨精华"之誉的五花海，位于日则沟孔雀河上游的尽头，海拔2472米，处珍珠滩瀑布之上、熊猫湖的下部。五花海是九寨沟诸景点中最精彩的一个。五花海湖面整体呈绿松色，不同区域，颜色变换从黄色到绿色，又到蓝色，展现出湖水五彩的美艳。

第3章　九寨沟玩全攻略

02　五彩池

　　五彩池是九寨沟湖泊中的精粹，湖里生长着水绵、轮藻、小蕨等水生植物群落，它们所含叶绿素深浅不同，使得在富含碳酸钙质的湖水映衬下呈现出不同的颜色。同一湖泊里，水域有蔚蓝、浅绿、绛黄、粉蓝等颜色，冬季周围冰天雪地，但池水仍旧五彩交错，煞是好看。

03　神仙池

　　神仙池是藏语"嫩恩桑措"的汉译，集黄龙及九寨沟之美于一身，意为仙女沐浴的地方。它位于川西北高原岷山山脉南段九寨沟县大录乡，与九寨沟遥遥相望，距甘海子45公里。

04 树正群海

树正群海景区是九寨沟秀丽风景的大门。树正群海沟全长13.8公里，共有各种湖泊(海子)40余个，约占九寨沟景区全部湖泊的40%。景区内海子、浅滩、棱桥、瀑布、磨坊以及转经房宛如"小桥、流水、人家"中的意境，构成了一幅恬静纯朴的田野画面。

第3章 九寨沟玩全攻略

05 诺日朗瀑布

诺日朗瀑布落差为20米，宽达300米，是九寨沟众多瀑布中最宽阔的一个。诺日朗瀑布用朗朗涛声、仙境般的水雾彩虹，迎接着远方客人。滚滚流瀑，翻越海拔2365米的钙化堤埂，飞泻而下，溅起千万颗水珠，无论从哪一个角度观赏，诺日朗瀑布都同样动人心魄！

06 中查沟

中查沟位于九寨沟县漳扎镇内，与九寨沟景区仅一山之隔，是一条长约10公里、宽约3.5公里的峡谷，沟口海拔为2189米，山顶海拔约为4000米，有着极其丰富的动植物资源。中查沟气候宜人，常年有金字塔般的雪峰、五彩斑斓的层林。沟谷中点缀着古老的藏族村寨，神秘而幽静。

四川·九寨沟玩全攻略 （图文全彩版）

07 老虎海

老虎海倾泻而下形成树正瀑布，站在老虎海附近，可以听到水声轰鸣，犹如虎啸。深秋季节，林木倒映在湖面斑斓如虎纹。走在老虎海边，层层灌木又增添了几丝含蓄和柔美。

第 3 章　九寨沟玩全攻略

08　珍珠滩

　　九寨沟景区在花石海下游0.5公里左右的地方，有一片坡度平缓、长满各种灌木丛的浅滩，激流在倾斜而凹凸不平的乳黄色钙化滩面上溅起无数水珠，阳光下，点点水珠就像巨型扇贝里的粒粒珍珠。这就是电视剧《西游记》片头中，唐僧师徒牵马涉水的地方。

九寨沟印象：解读

　　九寨沟位于四川省阿坝藏族羌族自治区。1990年，九寨沟被列为"中国旅游胜地四十佳"之首，1991年被列入联合国《世界风景名录》，1992年12月又由联合国教科文组织批准，正式列入《世界自然遗产名录》，从此登上世界旅游的宝座，成为中外游客向往的"梦幻世界"。

01 历史与区划

历史	1960年毛主席发出号召要支援边远的山区，由此由平原一带的人们响应号召分别走进阿坝州、甘孜州及凉山州进行三线建设和开发森林。九寨沟地区被砍伐了6年，从1966年开始由于历史原因九寨沟得以停砍10年，生态得到了一些恢复。20世纪70年代，一群偶尔闯入的伐木工人发现了这片仙境，他们刀下留情，留下了这片森林，成为国家森林公园
区划	九寨沟主要由岷山山脉中呈Y字形分布的日则沟、则查洼沟、树正沟3条沟谷构成，可分树正景区、日则景区、长海景区、宝镜崖景区和原始森林生态景区等五大景区

02 地理与气候

地理	九寨沟地处青藏高原向四川盆地过渡地带，地质背景复杂，碳酸盐分布广泛，褶皱断裂发育，新构造运动强烈，地壳抬升幅度大，多种营力交错复合，造就了多种多样的地貌，发育了大规模喀斯特作用的钙华沉积
气候	九寨沟海拔在1900～3100米，属高原湿润气候，山顶终年积雪。春天气温较低而且变化较大，平均气温多在9～18℃之间。夏季气温回升且较稳定，平均气温为19～22℃，夜晚较凉，宜备薄毛衣。秋季气候宜人，但昼夜温差很大，特别是10月后的深秋(10月下旬即有冻土出现)，白天可穿单衣，夜晚就得穿防寒服了。冬季较寒冷，气温多在0℃以下。九寨沟降雨多集中在7—8月

03 民族与节庆

民族	九寨沟的少数民族主要为藏族和羌族等
节庆	九寨沟的节庆有燃灯节、驱鬼节、春播节、阿坝藏区新年等

04 九寨沟特色文化

　　到九寨沟做客的人们常会遇到劝酒。藏族人家家户户都有浓度很低且又香又甜的青稞酒，喝酒时，主人端起斟满的酒，先用中指蘸酒向上一弹，向下一弹，向中一弹，分别表示敬天、敬地、敬父母，然后请客人一同干杯。如果客人过于客气，不喝或者是少喝，主人就会端起酒杯，唱起劝酒歌来。

05 旅游实用信息

防晒	九寨沟地处高原，紫外线非常强。防晒霜：一定要买SPF30以上的，尤其夏季气温比较高的时候往往是艳阳高照的天气，有灼伤皮肤的可能。长时间在户外活动，请戴上太阳帽、墨镜；尤其冬季下雪后很刺眼，请带一副太阳镜保护眼睛
衣物	即使是夏天也要准备好御寒的衣物，以及雨具和防水、舒适好走的鞋子
日常用具	护肤品旅行装、晒后修复液用于防紫外线，护理皮肤。保湿霜、保湿滋养面膜、润唇膏、湿巾等用于冬季保湿
药品	常规药品：创可贴、感冒药、止泻药；抗高原反应药品：红景天、百服宁、芬必得酚咖片、速效救心丸和维生素等
最佳旅游季节	九寨沟一年四季均可旅游，尤以秋季为最佳，10月中下旬是九寨沟最夺目的季节。九寨沟的冬天和初夏也各有韵味

九寨沟攻略：交通

01 航空

目前游览九寨沟较便捷的途径是乘飞机到成都或重庆，再转机前往九寨沟—黄龙机场(九黄机场)。从国内各大城市到成都和重庆均有航班。成都双流机场到九黄机场的航班多，每天有近20余次航班，而重庆江北机场到九黄机场的航班较少，每天只有几个班次，但机票打完折后较前者低不少。

02 火车

北京、上海、广州、重庆、西安、昆明、乌鲁木齐、兰州等多个大城市都有火车直通成都。可以先乘坐宝成线火车到达四川成都或者广元、江油，再转乘汽车前往九寨沟，但走铁路比较累，火车也比较容易晚点。

03 汽车

客车	成都有至九寨沟的班车，但从成都到九寨沟的车票最好提前一天购买。一般去九寨的车每天大概有二、三班，有时会根据客人多少开加班车
自驾游	大九寨环线是四川一条重要的旅游干线，贯穿于四川的部分精品旅游景区。环线全长913公里，起点是成都，终点是九寨沟，分西线和东线，也就是说从成都往返九寨沟可以走两条线路
区内交通	九寨沟景区内有绿色环保车，游客只要购买一张车票，当天就可以在任何景点上下车。团体游客可以包租绿色环保旅游车，十分方便。绿色环保车行驶时间为8:00—17:00

九寨沟攻略：饮食

九寨沟一带由于物资多从外面运入，所以吃的东西很贵。九寨沟民族风味食品有烤全羊、手扒牛排、杂面、洋芋糍粑、青稞酒、酥油茶和雅茶等。当地特色餐饮主要为牛羊肉，但藏族和羌族的做法稍有不同：藏族以熏烤肉为主，辅之以青稞酒、酥油茶、酸奶等饮品；羌族喜食酸辣口味的肉菜和动物内脏。当地汉族人以川菜为主。

01 烤全羊

藏族人绝对禁吃驴肉、马肉和狗肉，有些地区也不吃鱼肉，而烤全羊却是这些地方的传统美食。如果能参与当地藏族的篝火晚会，再一品烤全羊的滋味，更加尽兴。

第3章　九寨沟玩全攻略

> **达人提示**
>
> 九寨沟漳扎镇一队里的天堂部落是最大型的藏家烤羊，主打家庭风格，养有藏獒。藏族风格浓郁的扎西德勒藏家烤全羊风味正宗。

02　凉拌牦牛肉

牦牛产于松潘九寨沟一带的高原，肉香且带有一点野味。把牦牛的肉经过盐卤，切成薄片，拌上辣椒不失为一道好的下酒菜，在藏区再配以青稞酒，独具风味。

> **达人提示**
>
> 牦牛肉被誉为"牛肉之冠"，属半野生天然绿色食品，富含蛋白质以及氨基酸、钙、铁等微量元素，脂肪含量特别低，但热量特别高。

03 虫草鸭

九寨沟藏胞们用虫草做成的虫草鸭，味极鲜美，还是上等补品。将活鸭杀后放尽血，将虫草10至20根，用厨房的刀工将其均匀地斜插在鸭背上，加上盐、姜等佐料，用沙锅炖熟即可。

达人提示

初夏时节，九寨沟一带海拔3000～5000米的高山上，虫草总是透露出春的信息。它是我国名贵中药材冬虫夏草。

04 洋芋糍粑

洋芋又称土豆，九寨沟藏胞制作的洋芋糍粑，即是以土豆为主要原料烹调的膳食。制作时先将土豆煮熟，剥皮，然后在专用器具里捶捣，使之成为粘性很强的糊状物，食用时切成块状煮入酸菜汤内即成。

达人提示

洋芋糍粑流行于我国西南的部分地区，在甘肃陇南、陕西商州、四川阿坝、贵州贵阳等地均被看作地方特色小吃。

九寨沟攻略：住宿

九寨沟的景点非常丰富并且分布广泛，所以制订出行计划时，合理的住宿安排会

第 3 章　九寨沟玩全攻略

让你在这里的旅游更加尽兴。一般来说，游玩九寨沟就住在九寨沟沟口附近。价格从几十元到上千元不等，看好房后可以与服务员谈价钱。

九寨沟热门酒店推荐如下。

01　草根人家

九寨沟草根人家的前身是朗介之家，位于九寨沟口漳扎镇彭丰村九龙宾馆旁，离九寨沟沟口仅800米，接待量可达200人。

亲历记忆

草根人家现已发展成三家，九峰宾馆旁的那家条件比较好，可无线上网，我去的时候是160元一间，估计秋季高峰期会涨价。

02　九寨沟国际青年旅舍

九寨沟自助游国际青年旅舍是九寨沟最早的一家服务自助旅游人的酒店，也是迄今为止九寨沟唯一一家取得相关从业资质的青年旅舍。

亲历记忆

站在旅社外面，看到的是一幢典型的藏式连体别墅，走进旅舍能感受到浓郁的藏家风情，感觉很不错。

03 荷叶迎宾馆

九寨沟荷叶迎宾馆坐落在九寨沟沟口,是九寨沟风景名胜区管理局修建的一家具有独特藏式风格的旅游涉外宾馆。

亲历记忆

这家酒店就在九寨沟大门口,早上可以一大早进沟,在沟里逛了一整天后,可以很快回酒店休息,很方便。

04 喜来登国际大酒店

九寨沟喜来登国际大酒店位于九寨沟景区入口正东方向1.5公里处,临近白河金丝猴自然保护区等著名风景区,交通便利,环境优美,为藏式建筑,风格突出。

亲历记忆

第一次入住时有在珍珠厅品尝川菜,口味很正宗。达戈厅、长海厅、镜海厅还提供淮扬菜、粤菜、藏羌菜、风味小吃和中西餐饮等。

九寨沟攻略:购物

九寨沟购物点不是很多,但还是可以买到当地独有的羌族刺绣、茂汶苹果及藏族

第 3 章　九寨沟玩全攻略

手工艺品。藏族手工艺品式样非常丰富，藏毯、藏装、藏帽、藏被、藏靴、藏垫、木碗、藏腰刀等都可作为旅游纪念品选购。但是如果分辨不出产品真假和质量的话，建议不买或少买。这里还盛产贝母、虫草、麝香等珍贵药材，也值得一买。

01 羌族刺绣

羌族刺绣是以家族个体方式进行生产，并传承沿袭的。羌绣作品既有程式化规范，同时又充满自由想象，是一种带有自发性、业余性和自娱性的美术创造。

亲历记忆

九寨沟景区内有好几处购物点，衣裙、鞋子、头帕、腰带、枕巾、手帕、香包等都有羌绣商品，我买了一条围裙送给妈妈。

02 松贝

松贝，主要产于阿坝松潘、九寨沟、红原、若尔盖大草园等地，属于川贝母中品质最好的一种，尤以豌豆大小的为最佳，被称为"珍珠贝"。

亲历记忆

听当地人介绍，松贝的采挖季节在每年的6至9月间，国庆期间是采购松贝最好的季节，游九寨沟的朋友不要错过。

03 冬虫夏草

冬虫夏草属于虫草的一类品种，产地主要集中在藏区高原上，有养肺、抗癌、防老等功效。

亲历记忆

听导游介绍，产于青藏高原的冬虫夏草功效最高，对健康很有帮助。阿坝州壤塘就是其产地之一。

04 唐卡

唐卡，藏名叫唐嘎，是一种绘画装裱后挂在墙上供奉的佛教卷轴。最常见的是条幅形状，边底都有很大的间隙，一般尺寸在长70厘米、宽50厘米左右，堪称藏族的"百科全书"。

亲历记忆

很久以前就想买幅唐卡了，来九寨沟其实也有很多地方可以买到，只是行程太仓促，没买到合适的，如果你看到千万不要错过。

九寨沟攻略：游玩

九寨沟景色优美如仙境，而当地的一些娱乐项目，充满了民族风俗，也值得好好体验一番。藏族山歌音调高昂、优雅、豪放，具有高原博大、宽广的自然特点和强烈的民族生活气息。特别是其中的对歌，是九寨沟人最乐意参加的一种娱乐形式。至于

第3章　九寨沟玩全攻略

九寨沟的风光之美，大作家魏巍20世纪80年代来九寨沟时就用最简单的话语作了最完美的概括，他告诉世人九寨之美为：自然的美，美得自然；人间天上，天上人间。

九寨沟热门景点推荐如下。

01 五花海

五花海海拔2472米，深5米，有"九寨沟一绝"和"九寨精华"之誉，是九寨沟的骄傲。同一水域，呈现出鹅黄、墨绿、深蓝、藏青等色，斑驳迷离，色彩缤纷，从老虎嘴俯瞰它的全貌，俨然是一只羽毛丰满的开屏孔雀。阳光一照，海子更为迷离恍惚，绚丽多姿，仿佛进入了童话境地。

玩全攻略

- **地址** 位于珍珠滩瀑布之上、熊猫湖的下部。
- **路线** 景区绿色巴士可直达，旺季90元，淡季80元。
- **门票** 购九寨沟景区门票即可，旺季220元，淡季80元。
- **最美看点** 湖面景观、秋景等。

摄影指导

采用顺光拍摄海水，更显绚丽多姿。

02 五彩池

五彩池就如一块巨大的蓝宝石一样藏在密林之中，是九寨沟最小、最艳丽的池子。从长海下行1公里即为五彩池。这段山路海拔为3000米，五彩池就深藏于公路下边的深谷中。五彩池以秀美多彩、纯洁透明闻名于天下，给人以神奇的感觉。

摄影指导

到了五彩池，拍一个近景的池水是必要的，如果周围冰天雪地，效果更佳。

玩全攻略

- **地址** 位于则查沟内，与仙女海相邻。
- **路线** 乘景区巴士可达。
- **门票** 购九寨沟景区门票即可。
- **最美看点** 五彩池、秋冬景观等。

03 神仙池

神仙池距九寨沟沟口49公里，海拔高度为2000多米。四周地势高峻、重峦叠嶂、树木茂盛、曲涧幽深、云雾缭绕，大面积发育完好的完美钙化池，质地纯洁、造型精巧，如一个个天然雕塑的艺术精品，梯田般洒落在你眼前。金银滩、边坝瀑布、莲台彩池、双龙池、青龙海、神蛙海等景点与植被覆盖保护完好的高山原始森林和以大熊猫为代表的珍稀动植物相映成趣。

第3章　九寨沟玩全攻略

达人提示

神仙池不仅有黄龙的奇，更有九寨沟的秀美。其中的青龙海和神蛙海，都与九寨沟的大小海子如出一辙。神仙池枯木静卧水底，青苔遍铺水岸，淹没了钙化痕迹，这一现象就连地质学家也难以解释。

玩全攻略

地址　位于九寨沟县大录乡。
路线　可从九寨沟打车或包车前往。
门票　100元。
最美看点　秀丽的池水及钙华地貌。

04 树正群海

树正群海沟内有40多个湖泊，犹如40多面晶莹的宝镜，顺沟叠延五六公里。这里水光潋滟，碧波荡漾，鸟雀鸣唱，芦苇摇曳。盆景海、芦苇海、火花海、卧龙海、树正瀑布、老虎海等，一路惊奇，一路美景，一路碧水，一路瑶池。而树正群海下端的"水晶宫"，千亩水面，深达四五十米，远眺阔水茫茫，近看积水空明。

摄影指导

近距离拍摄山水，能增加视觉冲击力，展现画面细腻可感的氛围。

玩全攻略

地址　位于树正沟，与老虎海相邻。
路线　乘景区绿色巴士可达。
门票　购买景区门票即可。
最美看点　瑶池、瀑布及"水晶宫"等。

05 诺日朗瀑布

诺日朗瀑布位于四川九寨沟树正沟尽头处,海拔2365米,瀑宽270米,高24.5米,是中国大型钙化瀑布之一,也是中国最宽的瀑布。藏语中诺日朗意指男神,也有伟岸高大的意思,因此诺日朗瀑布的意思就是雄伟壮观的瀑布。

摄影指导

光线洒在水流上,形成水线的形状,与周围的景物形成对比,画面感更强。

玩全攻略

- **地址** 位于树正群海与日则沟相邻处。
- **路线** 在景区乘绿色巴士可达。
- **门票** 购景区门票即可。
- **最美看点** 瀑布水景和彩虹等。

06 中查沟

中查沟地处九寨沟"童话世界"和九寨天堂之间的一个藏族山村。"中查",藏语音译,本应为"穹恰"。"穹"意为"神鹰","恰"意为"托负、承载",即"神鹰降落的地方"。传说格萨尔王的坐骑一只巨大无比的神鹰,翱翔天际,巡视宇宙,均找不到可以栖落的地方,只有这里的白坚山神才有能力承载神鹰。于是,神鹰得以降落栖歇,这里也因此而得名,继而声震雪域。

第 3 章　九寨沟玩全攻略

达人提示

也许是具有魅力的传说在这方土地上世代流传，也许是世代生息于此的人们超乎寻常的想象和朴实坚贞的信仰，中查，这个诞生并且栖落梦想的地方着实让人惊叹了，她远离闹市的宁静与淳朴，她置身山野的秀美与祥和，她历史传承得悠远与神秘。

玩全攻略

地址 位于九寨沟县漳扎镇内。
路线 可从九寨沟打车或租车前往。
最美看点 藏寨、草原、民俗风情及雪山等。

07 老虎海

老虎海海拔2298米，位于树正瀑布之上，深邃恬静，沉默中蕴蓄着暴烈，安谧中隐藏着桀骜。泼云泻雪似的树正瀑布正是它陡然爆发的活力与激情，瀑声沉雄浑厚，宛若虎啸。同时，每到深秋季节，湖岸山上层林尽染，姹紫嫣红的林木倒映在清澈的湖水中，斑驳陆离，犹如老虎身上斑斓的虎纹。

摄影指导

近拍湖水，能显现老虎海清爽的湖面风光。

玩全攻略

地址 位于九寨沟树正沟中。
路线 乘景区绿色巴士可达。
门票 购九寨沟景区门票即可。
最美看点 湖面景观及秋景等。

08 珍珠滩

横跨珍珠滩有一道栈桥，栈桥的南侧水滩上布满了灌木丛，激流从桥下通过后，在北侧的浅滩上激起了一串串、一片片滚动跳跃的珍珠。迅猛的激流在斜滩上前行200米，就到了斜滩的悬崖尽头，冲出悬崖跌落在深谷之中，形成了雄伟壮观的珍珠滩瀑布。

摄影指导

如果觉得水流太过单调，用树枝做点缀更显灵动丰富。

玩全攻略

- **地址** 位于九寨沟景区日则沟段。
- **路线** 乘景区绿色巴士可达。
- **门票** 购买景区门票即可。
- **最美看点** 珍珠滩瀑布、雪山景观等。

09 荷叶寨

荷叶寨是进沟的第一个寨，也是九寨沟中最大的一个藏族村寨。村寨以田园风光和藏族民居建筑著称，春天万物复苏，夏季苍翠诱人，秋天纯朴浪漫，冬季白雪皑皑。

荷叶寨后有一棵百年巨松，挂满了哈达，傲然独立，苍劲伟岸，被称为迎客松，巨松随风摇摆着枝条，好像无数双挥舞的手臂，在恭迎着每一位游客的到来。

第 3 章　九寨沟玩全攻略

达人提示

荷叶寨形如其名，从高空俯视整个寨子，就如一面伸展开的、巨大的荷叶。寨内藏民的生活习俗值得一看，还可品尝甘甜的青稞酒和飘香的酥油茶。在荷叶寨边公路的对面有一片小树林，在这些小树上都挂有种植者的姓名，栽种这些树木的有前国务院总理朱镕基、副总理李岚清等。

玩全攻略

- **地址** 位于树正群海。
- **路线** 乘景区绿色巴士可达。
- **门票** 购九寨沟景区门票即可。

10 卧龙海

小巧玲珑的卧龙海是蓝色湖泊典型的代表，湖面宁静祥和，像一块光滑平整、晶莹剔透的蓝宝石。透过波平如镜的水面，一条乳白色钙华长堤横卧湖心，宛若一条蛟龙潜游海底。微风掠过，涟漪轻漾，龙体徐徐蠕动，鳞甲幽幽，闪烁不定。山风乍起，湖水泛波，卧龙摇头摆尾，欲腾、欲跃、欲飞，疾风过处，波光迷离，龙影顿时消匿，神秘莫测，令人兴叹。

玩全攻略

- **地址** 位于树正沟区段，与树正群海相邻。
- **路线** 搭乘景区绿色巴士可达。
- **门票** 购九寨沟景区门票即可。
- **最佳时间** 四季皆宜。
- **最美位置** 湖畔。
- **最美看点** 钙华长堤、湖面景观等。

达人提示

相传古时候，附近黑水河中的黑龙，每年都要九寨百姓供奉99天方才降水。白龙江的白龙同情百姓，欲给九寨送去白龙江水，遭到黑龙阻挠，二龙争斗，白龙体力不支沉入湖中，日久便化为长卧湖底的一条黄龙。

11 犀牛海

玩全攻略

地址 位于树正沟区段，与诺日朗瀑布相邻。
路线 搭乘景区绿色巴士即可。
门票 购九寨沟景区门票即可。
时间 6:00—18:00。
最佳时间 秋季。
最美位置 湖畔。
最美看点 广阔的湖面、绝美的倒影及秋景等。

犀牛海海拔2315米，是一座带状湖泊，面积广达20万平方米，其水域开阔，是九寨沟仅次于长海的第二大海子，也是九寨沟景致变化最多的海子之一，其美丽的倒影堪称众海之冠。夏天的犀牛海到处都是不同层次的绿色，黛绿的湖水中倒映着青绿色的山峰，远观峰形与水影连成一片，似梦似幻。秋天，橘黄的枝丫伸入湖面，微风下圈起阵阵涟漪，述说着无尽的秋意。

达人提示

相传古时候有一位西藏高僧曾骑着犀牛来到这里提炼神丹，离去时将他的犀牛遗忘在水中，因此该湖泊被称为犀牛海。

12 火花海

玩全攻略

地址 位于树正沟区段，卧龙海与盆景滩之间。
路线 搭乘景区绿色巴士即可。
门票 购九寨沟景区门票即可。

火花海海拔2187米，面积不大，但是周围林木幽深。走在湖畔，须透过交错的枝丫才能看见湖面，给人一种"犹抱琵琶半遮面"之感。火花海周围的树木高大苍劲，倒映在水中，如火花绽放般灿烂。湖水透明见底，清晰可见一些朽木的身影，它们身表附着厚厚的一层钙化结晶，似乎被赋予了第二次生命。这些景致使这片秀丽的海子独具特色。

第3章 九寨沟玩全攻略

摄影指导

每年秋天，不仅火花海的湖面颜色多彩如火花，围绕湖畔的灌木颜色也很丰富，是拍照的极好素材。

13 芦苇海

从沟口进入树正沟景区后，看到的第一个湖泊就是芦苇海。芦苇海海拔2140米，长2公里，因湖泊周围和湖面延绵生长着芦苇而得名。芦苇海周围峰峦上遍布着松树和各种常绿树。秋天，湖面的芦苇呈现白茫茫的一片，湖畔的树木则染上了深深浅浅的酡红和黄色。这些梦幻的色彩层层叠叠，交相辉映，犹如一幅山水画卷。

玩全攻略

- **地址**：位于树正沟区段，与九寨沟沟口相近。
- **路线**：乘坐景区绿色巴士即可，从沟口步行至芦苇海也不远。
- **门票**：购九寨沟景区门票即可。
- **最佳时间**：秋季。
- **最美位置**：湖畔。
- **最美看点**：湖面的芦苇，以及周围的山峦、丛林等。

达人提示

芦苇海中间有一条飘逸的水带，有着美玉一般的光泽与色泽，被称为玉带河，传说是由九寨沟女山神沃诺色嫫的腰带变幻而成。

四川·九寨沟玩全攻略 （图文全彩版）

14 盆景滩

玩全攻略

地址	位于树正沟区段、荷叶寨南面，与卧龙海相邻。
路线	乘坐景区绿色巴士即可。
门票	购九寨沟景区门票即可。
时间	6:00—18:00。
最佳时间	四季皆宜。
最美位置	景点走廊。
最美看点	浅滩、钙华堆积、杨柳、松柏和高山柳等。

在金黄、银白的钙华滩流上有一层薄薄的水，在水中生长着许多喜爱水性的植物，有杜鹃、杨柳、松树、柏树和高山柳等。它们在水中或婀娜多姿，或苍劲挺拔，每一株树下都有一个盆状的钙华堆积，加上滩中怪石点缀其中，使这一株株树木如盆景一般矗立在水中，惹人喜爱。

达人提示

由于九寨沟的水属于低钠高钙的矿泉水，水中的树木补钙过剩，以致得以长成盆景滩上千奇百怪的盆景。

15 镜海

镜海是诺日朗瀑布的源头，常年水量充沛，海拔为2390米，面积广达19万平方米，是一座又深又广的大型湖泊。它就像一面镜子，将地上和空中的景物毫不失真地复制到了水面。当晨曦初露、朝霞染红东方天际之时，海水一平如镜，蓝天、白云、雪山悉数被映放在海面，呈现出"鱼在云中游，鸟在水中飞"的奇观。广阔的湖面又如一块高清银屏，播放着令人浮想联翩的画面。

玩全攻略

地址	位于日则沟区段，与诺日朗瀑布相邻。
路线	乘景区绿色巴士即可。
门票	购九寨沟景区门票即可。

第 3 章　九寨沟玩全攻略

摄影指导

镜海的倒影独一无二，用一个高清镜头写实，就可拍下一幅完美的山水画，蓝天白云，纯洁无瑕。

16　孔雀河道公园

从五花海出水口的栈桥登上环山公路，沿着公路下坡，左侧深谷里的一条河道就是孔雀河道。孔雀河道蜿蜒而行，两侧杂生花树，一到秋天，两侧的林木尽染霜色，深秋的落叶布满了整条河川。从高处俯视，一道斑驳的激流牵扯着一个彩色的世界，像是孔雀开屏时艳丽的尾巴。

玩全攻略

地址	位于日则景区，与五花海等景点相邻。
路线	乘景区绿色巴士即可。
门票	购九寨沟景区门票即可。
时间	6:00—18:00。
最佳时间	秋季。
最美位置	从环山公路上俯视。
最美看点	孔雀河道沿线风光、湖面斑驳的水景等。

摄影指导

孔雀河道水景色彩丰富，如果你选择了不同的景点、独特的视角，就会让你的照片画面感更强，且保持原创性。

17 熊猫海

玩全攻略

地址 位于日则沟中段,上与箭竹海相邻,下与五花海相邻。
路线 乘景区绿色巴士即可。
门票 购九寨沟景区门票即可。
最佳时间 秋、冬。
最美位置 湖畔。
最美看点 熊猫海瀑布、隆冬季节湖面黑白相间的水纹、湖面五彩的倒影、冬季冰雪景致等。

摄影指导

熊猫海中有一块白石,上有天然的黑纹,看上去神似熊猫。如果近距离拍摄湖面,熊猫海的特征会更明显。

据说九寨沟的大熊猫最喜欢来这里游荡、喝水、觅食,因此这一片海子被叫做熊猫海。

熊猫海海水清澈,倒影清晰,尤其是在风和日丽的晴天,湖上蓝天白云,岸边层林相间,湖畔群峰静立,倒映水中,一片迷离景象。

冬季到来,熊猫海会呈现出冰肌玉骨、冰凌镶嵌的景致。在欣赏了九寨沟众多灵动的海子后,这方冻结的美丽会给你带来新鲜的震撼。

18 箭竹海

箭竹海海拔2618米,深6米,面积为17万平方米,水中山峦对峙,竹影摇曳。箭竹是大熊猫喜爱的食物,箭竹海湖岸四周广有生长箭竹,是箭竹海最大的特点,因而得名。

箭竹海湖面开阔而绵长,水色碧蓝,山水相映,分不清究竟是山入水中还是水浸山上。即使严冬,箭竹海这汪湖水仍波光粼粼,充满生气,因其灵动与清澈而独具特色。

第3章 九寨沟玩全攻略

玩全攻略

地址 位于日则景区，与熊猫海相邻。
路线 乘景区绿色巴士即可。
门票 购九寨沟景区门票即可。
最美看点 箭竹、湖水、湖外山峦与寨子等。

达人提示

每年9月的国际熊猫节、6月至9月间的嘉绒藏族看花节、7月至8月的若尔盖雅敦节和祥隆节、7月的牦牛文化节和阿坝县扎崇节，以及8月壤塘县的藏巴拉节等，都是九寨沟旅游的热门时期，也是箭竹海景色宜人之际。这个时段来箭竹海的游客会有独特的体验。

19 天鹅海

天鹅海海拔2905米，在九寨群海中比较特殊。它与芳草海的下游相连，广阔的湖面大部分已淤积成浅滩，为半沼泽湖泊。

浅滩上绿草如茵，一道清流在绿茵中蜿蜒流过，滋养着这一方水草。天鹅海静静地躺卧在山谷里，湖面泛着晶莹的色泽，四周是苍绿的山林和繁盛的花木，空灵静寂。这一带水草肥美，故引得生性孤高的天鹅钟爱，常常在这里栖息繁殖。天鹅来时，常在湖面悠然自得，缓缓游动，因此这个海子被称为天鹅海。

玩全攻略

地址	位于日则沟上段，与芳草海下游相连。
路线	乘景区绿色巴士即可。
门票	购九寨沟景区门票即可。
最佳时间	春末至秋初为宜，9月底至10月为最佳。
最美位置	湖畔。
最美看点	浅滩、水草、天鹅、湖水和山花等。

达人提示

天鹅是一种候鸟，随着季节的变换而去留，游人并不容易见到天鹅的行迹。但天鹅的存在给景区增添了几分圣洁的韵味。

20 季节海

季节海分为上、下季节海。下季节海镶嵌在花繁草茂的山坳里；上季节海毗邻五彩池，湖水随季节变化，时盈时涸。夏日水浅呈翠绿色；秋日雨季，湖水上涨，湖色湛蓝；初冬以后，湖水干涸，湖床上长满青草，海子又成了放牧草滩，草滩上生长着"若希维奇"。

第 3 章　九寨沟玩全攻略

达人提示

季节海景区内的游客并不多，游客在看过五彩池后，一般选择搭绿色公车。绿色公车的线路是沿着则查沟往诺日朗方向下行的。

玩 全 攻 略

- **地址**　位于则查沟。
- **路线**　季节海最美的区域不设车站，从五彩池前往需步行约2个小时。
- **门票**　购九寨沟景区门票即可。
- **最佳时间**　秋季。
- **最美位置**　远观。
- **最美看点**　沃洛色嫫山、灌木，顺公路而下，可见两侧峰峦，还可偶见岚雾、雪花。

21 长海

长海海拔3060米，最高处4457米，面积约200万平方米，长约8公里，顺山弯去，头深藏在层峦叠嶂的山谷之中，是九寨沟最大的海子。海子对面，雪峰皑皑，冰斗、U字谷等典型冰川景观，沐浴在蓝天白云之中，壮观绮丽。该湖区水面大，但无地表出水口，夏秋暴雨，水不溢堤，冬春久旱，亦不干涸。藏胞赞美它是"装不满、漏不干的宝葫芦"。

玩 全 攻 略

- **地址**　位于则查沟最顶端。
- **门票**　购九寨沟景区门票即可。
- **最佳时间**　四季皆宜。
- **最美看点**　"独臂老人柏"、牦牛、雪山、秋季灌木丛、湖水等。

摄影指导

长海上镜率最高的是一棵"独臂老人柏",它已成了长海的标志,其实长海周围的灌木都很有型。

22 原始森林

看过了神奇的海子和壮丽多姿的瀑布群后,可乘坐景区巴士直奔日则沟最末端的原始森林。这片原始森林位于九寨沟的最南端,海拔高达4000米,面积有500多公顷。置身林间,就好像进入了一个巨大的天然氧吧,脚下踩着一层层台阶,鼻子嗅着芬芳潮湿的空气,耳边听着松涛与鸟语,身上拂着野林山风,眼中看着林木葱郁,好似来到了另一个世界。

玩全攻略

地址	位于日则沟最顶端尽头处,与天鹅海相邻。
路线	乘景区绿色巴士即可。
门票	购九寨沟景区门票即可。
最佳时间	春末至秋初为宜,9月底至10月为最佳。
最美位置	林区栈道。
最美看点	红松、云杉、冷杉、大熊猫、白唇鹿、苏门羚等珍贵的动植物。

黄龙

第 4 章

黄龙玩全攻略

黄龙必游：五景
黄龙印象：解读
黄龙攻略：交通
黄龙攻略：饮食
黄龙攻略：住宿
黄龙攻略：购物
黄龙攻略：游玩

黄龙必游：五景

黄龙以彩池、雪山、峡谷、森林"四绝"著称于世。巨型的地表钙华坡谷，蜿蜒于天然林海和石山冰峰之间，宛若金色"巨龙"腾游天地。黄龙沟的彩池大小共有2300多个，聚集成8群，每群各不相同。景区内从北到南有迎宾池、盆景池、明镜倒影池、娑萝映彩池、琪树流芳池、玉翠彩池、映月彩池和五彩池，享有"世界奇观、人间瑶池"之誉。

01 黄龙洞

据说黄龙洞是黄龙真人修行的地方，洞顶的黄龙图像仍清晰可辨，三尊佛像前尚有石床、石被、石柜等物，这些龙、佛、床、贝、柜等物，均由石灰岩溶浆凝集而成。当地乡人说，此洞东通"加拉龙"，北通"漳腊"，南通"达阿"，而这三个通道都深不可测，至今仍无人涉足。

第4章　黄龙玩全攻略

02 五彩池

　　五彩池是位于黄龙景区最顶点的钙化彩池群，共有693个钙池，5588米高的岷山主峰雪宝顶巍然屹立在眼前。漫步池边，无数块大小不等、形状各异的彩池宛如盛满了各色颜料的水彩板，蓝绿、海蓝、浅蓝等相映，艳丽奇绝。

03 黄龙古寺

　　沟内原有前、中、后三寺庙，前寺现仅存遗址，中寺共五殿，占地约1000平方米，现存观音殿及殿内18座罗汉塑像位于黄龙沟尽头海拔3558米处，占地2100平方米，庙宇建筑保存完好。

04 洗身洞

　　洗身洞处在黄龙沟的第二级台阶上，是世界上最大的钙华塌陷壁。进洞1米处，布满了浅黄色、乳白色钟乳石。洞口水雾弥漫，飞瀑似幕，传说是仙人净身的地方。据说本波教远古高僧达拉门巴曾在洞中面壁参禅，终成大道，所以"洗身洞"是本波教信徒心中的一大圣迹。

05 金沙铺地

　　金沙铺地距涪源桥约1338米。由于碳酸盐在这里失去了凝埂成池的地理条件，因此漫坡的水浪，在一条长约1.3米的脊状斜坡地上翻飞，并在水底凝结起层层金黄色钙华滩，好似片片"鳞甲"，在阳光照耀下发出闪闪金光，是黄龙又一罕见奇观。

第4章 黄龙玩全攻略

黄龙印象：解读

　　黄龙景区是国家级风景名胜区，与九寨沟同时被列为世界自然遗产。景区内存有当今世界规模最大的低温钙化景观及丰富的动植物物种。岩溶地貌上千层碧水形成层层叠叠的梯状湖泊、池沼，如璞玉，似牙雕。池水澄清无尘，水色因水底沉积物和树木、山色千变万化，堪称人间仙境。

01 历史与区划

历史	1982年10月，中华人民共和国国务院审定黄龙为国家重点风景名胜区。1992年12月，黄龙正式被联合国教科文组织作为自然遗产列入《世界文化遗产名录》
区划	黄龙名胜风景区，由黄龙本部和牟尼沟两部分组成。黄龙本部主要由黄龙沟、丹云峡、雪宝鼎等景区构成；牟尼沟部分主要由扎嘎瀑布和二道海两个景区组成

02 地理与气候

地理	黄龙位于四川省北部阿坝州松潘县境内的岷山山脉南段，属青藏高原东部边缘向四川盆地的过渡地带。最高峰岷山主峰雪宝顶，海拔5588米，终年积雪，是中国存有现代冰川的最东点
气候	黄龙处于北亚热带、秦巴湿润区和青藏高原至川西湿润区界的两侧，属高原温带至亚寒带季风气候。气候垂直分带明显，特点是高山湿润寒冷，河谷干燥温凉，冬季漫长，春秋相连，基本无夏，温度变化大，年平均气温约7℃

03 民族与节庆

民族	黄龙地区主要有藏、羌、回、汉等民族，少数民族以藏族和羌族为主
节庆	黄龙地区的主要节日有传统庙会、祭山会和羌年节等。每年农历六月十六日黄龙寺举行庙会，方圆数百里的藏、羌、回、汉各族人民在此集会，热闹非凡

04 黄龙特色文化

抢婚习俗	羌区有抢婚的习俗。当男方求婚遭拒绝时，乘女子在外劳动或外出时将她抢回家，第二天由男子背猪膘及酒到女家再次求婚，由于生米已煮成熟饭，女方也就答应了。女子不愿者，可于次日偷跑回家，男方一般不追究。抢婚时可抢姑娘，也可抢寡妇
挂红仪式	羌人视炎帝为祖先，炎帝又名赤帝，每逢盛大庆典仪式，羌族人均以红色标志为吉祥物，以示永为炎黄子孙。这种尚红习俗，逐步规范成羌族传统最高礼仪——挂红。羌族以挂红表示对客人敬献赤诚的心意。挂红一般用红绸，2米长即可，其挂法是男左女右，从肩头斜挂至对称的肋下，然后打一小结，使之在体侧飘垂

05 旅游实用信息

防晒	景区日照强，紫外线强。长时间在户外活动，最好戴上太阳帽，涂抹防晒霜，保护皮肤
衣物	景区昼夜温差大，请带足保暖防寒衣物和雨具
药品	黄龙属高海拔地区，不宜剧烈运动，宜少饮酒，多食蔬菜、水果，以防发生高山反应。应备好常用药品，最好能配备小型氧气瓶。年老体弱者，以及有高血压、冠心病、心脏病者不宜前往
最佳旅游季节	到黄龙旅游以春末至秋初为宜，9月底至10月最佳。4月景区虽开放，但正值枯水期，景色一般。冬季景区将停止开放

黄龙攻略：交通

01 航空

可乘飞机到位于川主寺镇的九黄机场，机场距黄龙43公里，旅游季节(4—11月)机场均有直达班车前往黄龙，车票23元/人。

黄龙通往全国的航班较少，旅客可先搭车到重庆或四川，这两个地方有直达九黄机场的航班。

02 火车

搭火车去九寨沟还算方便，北京、上海、广州、重庆、西安、昆明、乌鲁木齐、兰州等多个大城市都有火车直通成都。方便的话可以先乘坐宝成线火车到达四川成都或者广元、江油，再转乘汽车前往黄龙。

03 汽车

客车	可从成都的新南门车站乘班车到黄龙，全程二级公路，路况良好。从九寨沟去黄龙，可先乘坐往松潘、成都方向的班车南行92公里到川主寺(红军长征纪念碑，此外有车北上甘南和兰州)，再转平武方向的车东行41公里即到黄龙寺。从川主寺到黄龙，翻越雪宝顶只需1个多小时
区内交通	黄龙景区内有旅游步道，全程大约7.2公里，从海拔1800米的沟口到海拔3430米的沟顶，往返需5~6个小时。或者可以搭乘索道至上站，下缆车后步行2.9公里至黄龙沟顶

黄龙攻略：饮食

随着旅游业的发展，黄龙等地的饮食已经汉化，一般汉族菜肴都可吃到。如果想吃当地的特色餐饮，可以去当地的一些小餐馆。但是这里的饮食价格比较昂贵，游客可以稍许准备一些即食干粮。

黄龙一带群众习惯养奶牛，牛奶很丰富。从春至秋，鲜奶源源不断流入牧民家的奶桶内，人们用它制作出多种多样的奶制品，日常食用的主要有奶酪、奶渣、奶皮、酥油和酸奶。糌粑是藏胞的主要食品，可分为青稞、豌豆、燕麦糌粑等。吃时，往碗里倒些糌粑，另少量的酥油，冲茶水食用。

01 贝母鸡

贝母鸡为当地特色佳肴。做贝母鸡时，将鸡杀后去毛及内脏，洗净，在开水锅中煮去血水捞起，再用清水小捂一下。然后将贝母用水洗过，用一铝锅或沙罐装水1.5公斤，将鸡放入，同时下黄酒少许及贝母，盖严后用旺火烧开，然后小火炖两小时即成。

达人提示

贝母是药用植物中的"名门望族"，九寨沟一带有川贝和暗紫贝母两种。它性味苦甘、凉口，能治疗吐痰咯血、心胸郁结等病症。

02 血肠

藏族地区的农、牧民，每宰1只羊，羊血不单独煮食，而是灌入小肠内煮熟吃，它由肠衣、血汁、香料及牦牛肉(或猪肉)制成血肠。

达人提示

血肠做法简单，在羊血内加适量的盐、花椒、少许糌粑粉与剁好的羊肉混拌，灌入肠内，用线系成小段而成。

第4章 黄龙玩全攻略

03 人参果饭

人参果饭被藏族同胞视为一种吉祥的食物，他们逢年过节首先就要进食这种食物。

达人提示

雪域人参果藏语谓之"青梅日布"，意为长生不老之果，含丰富的糖、蛋白质、氨基酸及多种维生素，具有生津润肺、提神滋补之特效。将其洗净放入凉水沸煮约一小时即可食用。

黄龙攻略：住宿

　　黄龙风景区内没有住宿点，只有沟口附近的瑟尔嵯寨宾馆和华龙山庄。黄龙沟内酒店价格都比较贵，如果是自助游旅客可以住在黄龙乡的农家乐里面，价格在50元左右，只是要往景区以东行走4公里左右。

　　黄龙景区花半天到一天时间也可玩得尽兴，所以游客住在松潘或者川主寺也比较方便。即使看完日落，也来得及回川主寺就宿。川主寺富贵林大酒店就位于九寨沟黄龙风景区交通要道的川主寺镇山巴乡。九黄机场交汇处，地理条件优越，距离九寨沟风景区85公里，黄龙风景区50公里。

　　黄龙热门酒店推荐如下。

01 川主寺高原酒店

川主寺高原酒店设施全新，位于川主寺镇滨河路，是去若尔盖的分叉路口，共有39间房，其酒店价格随季节有一定的浮动。

亲历记忆

高原酒店价格较划算，我们从九黄机场搭车到住宿点大概只用了半个小时。高原酒店位于川主寺镇上，去景区交通也很方便。

02 华龙山庄

华龙山庄位于黄龙风景区沟口，距新九寨宾馆45公里，是三星级国际标准旅游宾馆。华龙山庄的建筑外观是西藏风格，独有几分情韵。

亲历记忆

华龙山庄是少数几个位于黄龙景区内的酒店，对于来黄龙旅游的游客来说十分方便。门市价在688元到880元之间。

03 瑟尔嵯国际大酒店

黄龙瑟尔嵯国际大酒店，是阿坝州继九寨天堂、喜来登两家5星级酒店之后的第三家5星级酒店。酒店有淳朴浓郁的藏羌文化氛围。

亲历记忆

黄龙瑟尔嵯宾馆也坐落于黄龙风景区沟口，宾馆外观很有气势，里面也有比较浓的藏族风味，不过价位偏高。

第 4 章　黄龙玩全攻略

黄龙攻略：购物

　　松潘的纪念品在九黄区域内最为便宜且丰富，可以在此好好淘一淘。不过纪念品的质量一般良莠不齐，所以一些便宜、好看的小玩意儿可以买来做纪念的，而贵的就要多加考虑了。如九寨沟地区是四川麝香的主要产地之一。麝香是名贵中药材，又是制造高级香料的主要原料，有解毒、杀菌、消炎、驱虫、止血、止痛等效用，外伤急救，疗效更佳。现在市面上人工合成的麝香较多，价格为4元/克左右，而去松潘的药材批发点买，更加实惠。

01 牛角梳

牛角梳梳头不起静电,对头皮也有很好的按摩作用。一般二三十元就可买到一把不错的牛角梳。

亲历记忆

听景点售货员介绍,真牛角梳不会起静电,在受热状态下会有牛角的臭味,摸上去感觉要比塑料厚重一些,而且一般会有血色和纹路。

02 茂汶苹果

九寨沟沿线的茂汶苹果曾被炫耀为"王者之尊",从20世纪80年代中期至90年代中期,成了阿坝州农民增收致富的"拳头"产业。各景区都有兜售,游客可以买来品尝一下。

亲历记忆

在景区经常看到一些老人挑着苹果卖,起初没留心,听导游说这是有名的茂汶苹果,于是买了几个尝尝,又甜又脆。

03 牦牛肉

牦牛属地球之巅的高寒、无任何污染环境、独特的半野生半原始珍稀动物，与北极熊、南极企鹅共称为"世界三大高寒动物"。牦牛肉香且带有一点儿野味。游客可以选择真空包装的熟食购买，带回家品尝并赠送亲朋。

亲历记忆

诺日朗游客中心的牦牛肉干，40元一斤，有各种口味，可随意品尝。如果在小店购买要多加甄别，以免被骗。

黄龙攻略：游玩

黄龙风景区是一个景观奇特、资源丰富、生态原始、保存完好、具有重要科学和美学价值的风景名胜区，这里有似加拿大的雪山、怀俄明州的峡谷、科罗拉多的原始森林，以及黄石公园的钙华彩池，多类景观集中一地，堪称世界奇观。黄龙仅彩池就有100多个，这些彩池跌宕起伏，与周围的瀑布、植被相辉映，犹如画家的调色板无意洒落在人间，从而成就了一幅天然画卷。

黄龙热门景点推荐如下。

01 黄龙洞

玩全攻略

- **地址** 黄龙景区，与映月彩池相邻。
- **路线** 沿上山栈道可达。
- **门票** 购黄龙景区门票即可。
- **最美看点** 黄龙洞及洞口风景。

黄龙洞于黄龙古寺山门左侧10米处，又称"归真洞"或"佛爷洞"，传说是黄龙真人修炼的洞府。在此处"真人"、"佛爷"合二为一，道教、佛教融为一体，是探求宗教奥秘的罕见"珍品"。洞内绝壁处有一阴河潜流，河水深不可测。据说有远乡的喇嘛前来"归真洞"内拜真人，几个月后，僧人的帽子居然在距此56公里处的松潘县城南观音崖鱼洞中浮出。

达人提示

黄龙洞洞口仅2米见方，垂直下陷，游人需借助于数十级木梯才可下行。春天百花盛开，洞口掩映在一片花海之中。洞口有一株青松，鳞干道劲，枝柯盘曲，冬天，大地一片银装素裹，青松俨然如一条腾空而起的银龙。

02 五彩池

黄龙五彩池和九寨沟五彩池是我国著名的五彩池景区。五彩池颜色变化多姿、诡谲奇幻，给人以神奇的感觉。几万年来，黄龙沟四周高山上的冰雪融水和地表水不断流淌下来，渗入冰碛物中，在松散的石灰岩下部形成浅层潜流，并在流动过程中溶解了大量石灰岩的碳酸钙物质，因而形成了今天的景观。

摄影指导

以五彩池做前景，远距离拍摄黄龙寺，能创造新颖的构图。

玩 全 攻 略

地址 位于松潘县内黄龙景区。
路线 沿景区上山栈道可达。
门票 购买景区门票即可。
最美看点 五色彩池及钙华地貌等。

第4章 黄龙玩全攻略

03 黄龙古寺

黄龙古寺距黄龙沟沟口约3.5公里，有黄龙中寺可让游客休息。据《松潘县志》载："黄龙寺，明兵马使马朝觐建，亦名雪山寺，相传黄龙真人养道于此，故名。有前中后寺，殿阁相望，各距五里。"

摄影指导

拍摄黄龙寺，关键是选景和采光，黄龙寺背靠雪山，周围灌木丛生，配景很多，很容易找到好视角。

玩全攻略

地址 位于松潘县黄龙景区。
路线 沿景区上山栈道可达。
门票 购景区门票即可。
最美看点 黄龙古寺及雪山景观等。

04 洗身洞

玩全攻略

地址 与金沙铺地相邻。
路线 沿景区上山栈道可达。
门票 购黄龙景区门票即可。

洗身洞距涪源桥1273米，处在黄龙沟的第二级台阶上。从金沙滩下泻的钙华流，在这里突然塌陷，跌落成一堵高1米、宽40米的钙华塌陷壁，它是目前世界上最长的钙华塌陷壁。

奔涌的水流从堤埂上翻越而下，在钙华壁上跌宕成一道金碧辉煌的钙华瀑布，十分壮观。洗身洞就位于钙华瀑布下部。

达人提示

据说不育妇女入洞洗身可喜得贵子。虽无科学道理，但常有妇女羞涩而入，以期生育。曾有一位游览黄龙的法国女郎听此传说后竟脱去衣裤与丈夫一起入洞净身，虔求身孕。他们久久待在洞中，似乎只有这样虔诚地承受森森的寒气，才会在对神奇传说的回味中，慢慢涌出一种期待。

05 金沙铺地

金沙铺地与洗身洞相邻，由于其地质条件特殊，这里最宽的地方约122米，最窄处约40米。

据科学家认定，金沙铺地是目前世界上发现的同类地质构造中状态最好、面积最大、距离最长、色彩最丰富的地表钙华滩流。

摄影指导

金沙铺地周围的钙华池也很壮观，每个钙华池内都有一注浅水，如金盆盛满了圣水，是好的摄影素材。

玩全攻略

地址 位于松潘县黄龙景区。
路线 沿景区上山栈道可达。
门票 购景区门票即可。
最美看点 钙华地貌等。

第4章　黄龙玩全攻略

06 迎宾池

玩全攻略

地址	位于黄龙沟内最靠北的位置，是进入景区的第一个彩池群。
路线	沿上山栈道可达。
门票	购黄龙景区门票即可。
时间	每年4至11月。
最佳时间	秋季。
最美位置	栈道。
最美看点	彩池群、周围的山岳及林木山花等。

迎宾池是黄龙沟内最靠北面的景点，因此被视为龙尾。

沿着涪源桥栈道前进，行至大约0.5公里处，就可以看到一组精巧别致、水质明丽的池群，这就是迎宾池。池子大小不一，形状奇特，色彩艳丽，错落有致，四周山岳环峙、林木葱茏，山间野花竞放、彩蝶飞舞。山间石径曲折盘旋，点缀着观景亭阁，倍添情趣。

达人提示

迎宾池是进门后看到的第一个彩池，如黄龙景区众多彩池的迎宾，取迎接宾客之意，让你对黄龙彩池产生第一印象。

07 娑萝映彩池

娑萝映彩池在明镜倒映池上方，整个彩池掩映在一片葱茏艳丽的娑萝花丛中。娑萝花即杜鹃花。这里的杜鹃品种繁多，据初步调查鉴定有16种，因品种差异花期不同，花色花形纷呈异彩，所以在这里一年可两度见花。春以粉红领衔，夏以粉白为帅。每逢杜鹃盛开之时，深浅浓淡，云蒸霞蔚，有的鲜若桃云，娇丽艳媚，有的素若白绢，雅洁动人。

玩全攻略

地址	位于明镜倒影池和琪树流芳池之间。
路线	沿着上山栈道可达。
门票	购黄龙景区门票即可。

摄影指导

为了改变池水色泽，并避免池面反光，拍摄彩池风光时，可以使用偏光镜，并加上遮光罩，以避免出现光斑或杂光。

08 飞瀑流辉

玩全攻略

地址	位于迎宾池南面，进入景区后的第一个瀑布景观。
路线	沿上山栈道可达。
门票	购黄龙景区门票即可。
最佳时间	秋季。
最美位置	近观。
最美看点	钙华地貌、飞流的瀑布。

沿着曲折的栈道蜿蜒而上，可见到千层碧水冲破密林，顺坡而下，在高约10米、宽约60余米的岩坎上飞泻而来，形成数十道梯形瀑布，如珍珠流滚落，银光闪烁，风姿绰约。瀑布后有一座陡崖，多为马肺状和片状钙华沉积，凝垂欲滴，色泽金黄，使整个瀑布显得富丽壮观。经太阳余晖点染，反射出不同的色彩，远望如彩霞从天而降，分外辉煌夺目，号称"飞瀑流辉"。

达人提示

飞瀑流辉距离涪源桥0.7公里，瀑布海拔3223米，高约68米，落差为14米，分数层倾泻而下。

第4章　黄龙玩全攻略

09 莲台飞瀑

玩全攻略

地址	位于飞瀑流辉南面，与洗身洞等景点相邻。
路线	沿上山栈道步行可达。
时间	每年4月到11月。
门票	购黄龙景区门票即可。
最佳时间	7月到11月中旬。
最美位置	景点走廊。
最美看点	钙化地貌、瀑布景观和灌木等。

莲台飞瀑距涪源桥1121米，瀑布长167米，宽19米，相对高差45米。满目金黄色的钙华堆积，显得分外厚实圆浑，恰如吉祥的金色莲台，又似嬉水的"龙爪"，盛开在青翠的丛林间，色泽鲜明动人。银色的水流从莲台上奔涌而下，直泻潭心，水声阵阵，气势磅礴。

达人提示

佛教思想博大精深，在黄龙凝固千年的钙华地貌上，这片山谷为我们演绎了佛教中的吉祥宝座"莲台"。

10 盆景池

盆景池由近百个水池组成，池中有池，池外套池。池堤随树的根茎与地势而变，堤联岸接，活水同源，顺势层叠，池底呈黄、白、褐、灰多种颜色，池面澄净无尘，望若明镜，池旁、池中到处是木石花草，翠柏盘根，山花含笑，野果缤纷。这一片绚丽的景观，俨然天设地造的奇特盆景，使园艺师们也叹为观止。它与九寨沟的盆景池同中有异，只是色彩中多了几抹金黄。

玩全攻略

地址	位于洗身洞南面，与金沙铺地相邻。
路线	沿上山栈道步行可达。
门票	购黄龙景区门票即可。

摄影指导

拍摄盆景池,最主要的是表现盆景池的形状,可以近景拍摄某株植物,这样更能表现盆景的形状和感觉。

11 明镜倒影池

玩全攻略

地址 位于盆景池南面,与娑萝映彩池相邻。

路线 沿上山栈道步行可达。

时间 每年4到11月。

门票 购黄龙景区门票即可。

最佳时间 秋季。

最美位置 清澈的湖水、随季节变换的水景等。

明镜倒映池是位于"金沙铺地"左侧面的一组池群,有大小池子80余个。水池紧傍森林,景观雄奇壮丽,恬静素雅。池面光洁如镜,水质清丽碧莹,天光云影,雪峰密林,倒映池中,镜像清晰,色泽艳丽。倘若宿寺夜游,月映池,池映月,天上人间,融为一景,湖光山色,蔚然深秀,洋溢着动人的诗情画意。

摄影指导

雨天拍摄湖面风光时,可拍下雨点滴在湖面的形状,让入镜率很高的景点呈现不一样的画面。但为了保护相机,最好使用防水套。

第4章 黄龙玩全攻略

12 争艳彩池

玩全攻略

- **地址** 距沟口培源桥约1.9公里，与琪树流芳池相邻。
- **路线** 沿下山栈道，过了接仙桥就可以到达。
- **门票** 购黄龙景区门票即可。
- **最佳时间** 每年7至11月。
- **最美位置** 湖畔。
- **最美看点** 争奇斗艳的彩池群、湖面景观等。

争艳彩池，发育于黄龙沟的左侧，共有彩池500多个，是黄龙沟内规模最大的彩池群，也是黄龙钙华景观中色态最丰富的池群之一。争艳彩池紧傍森林，幽雅寂静，山色、树影倒映水中，如诗如画。据专家们透露，仅此一地即可与南斯拉夫的PLITVICE国家公园媲美。池堤金甲银鳞，流光溢彩，缤纷耀眼。池态有的形若荷花，有的状如莲叶，有的小可藏袖，有的大若亩田，形状殊异，参差错落。

13 玉翠彩池

玉翠彩池距涪源桥3200余米。湖水颜色浓艳而透明，使人情绪高昂，忘记了登山的疲乏。来到水边会发现这滩池水的奇妙：同一池水，色彩随人的位置不同而千变万化，或墨绿，或黛蓝，或赤橙，宛如一块露出地面的翡翠，晶莹剔透，闪烁着灵动的光芒，玉翠彩池因此而得名。它似乎是钟灵毓秀的大自然为我们留下的一块神奇"宝石"。

玩全攻略

- **地址** 位于映月彩池北面，以玉翠峰为背景。
- **路线** 沿上山栈道可达。
- **门票** 购黄龙景区门票即可。
- **最美看点** 湖面景观、玉翠峰等。

达人提示

玉翠峰,海拔5106米,终年积雪。在黄龙玉翠峰半山上,海拔3568米处,有一块平坦的土地,有18块白石,均匀地裸露地表,好似18个身着素装的少女,在轻歌曼舞,欢度节日。传说这里埋了18个藏族姑娘,人们称这些石堆叫"18波摩"。

14 映月彩池

玩全攻略

地址	位于玉翠彩池上方,与中寺相邻。
路线	沿景区上山栈道可达。
门票	购黄龙景区门票即可。
时间	每年4至11月。
最佳时间	每年7至11月。
最美位置	湖畔。
最美看点	湖面景观、钙华景观、周边雪峰等景观。

映月彩池距涪源桥4000余米。它位于玉翠彩池上方,从玉翠彩池沿步道往上走,过了马蹄海、簸箕海之后,才能抵达。

池边的丛林随季节变化而四季各异:春夏清姿雅赏,入秋红晕浮面,灵动有趣。

游客若是夜游于此,更有一番奇趣:但见月池中,四周万籁无声,一阵清风拂过,细碎的光影如月中的桂花洒落,清香缕缕。良辰美景融为一体,恍惚中真不知是在天宫还是在人间。若携有缘人游览,更添几分情韵。

达人提示

传说嫦娥在此沐浴时曾留下姻缘线,游客若有兴趣,可默祷静心后,将手探入池中,如遇到有缘人,必能心灵感应,喜结良缘。

第4章　黄龙玩全攻略

15　龙背鎏金瀑

玩全攻略

- **地址**　位于琪树流芳池上方，与宿云桥相近。
- **路线**　沿景区上山栈道可达。
- **时间**　每年4月到11月。
- **门票**　购黄龙景区门票即可。
- **最佳时间**　秋季。
- **最美位置**　近观。
- **最美看点**　广阔的钙华地貌、水景奇观等。

达人提示

从顺光的角度欣赏，可见瀑布水光粼粼，颜色呈黄绿或褚黄色。若从逆光的角度看，便变成亮得发白的金光，阳光下色彩更加奇异。

龙背鎏金瀑位于琪树流芳池上方，因黄褐色的碳酸钙地形似龙背而得名。过了洗身瀑不远，便来到此瀑。它长约375米，黄色的钙华流在龙背上镀上一层金。碧绿的水顺势分流，在阳光的折射下，发出绚丽的光彩，时而幻出楼阁，时而幻出虹霓，宛如神话故事里的蓬莱仙境。

16　雪宝顶

玩全攻略

- **地址**　位于松潘县内，坐落在黄龙东南方，距离景区入口约9公里。
- **门票**　免费。
- **最佳时间**　每年3月至11月。
- **最美看点**　山形、云海和日出日落等。

雪宝顶，海拔5588米，位于东经103.8°，北纬32.7°。它坐落在南北延伸的岷山南段，是岷山的最高峰，地处阿坝藏族自治州松潘县境内。雪宝顶被视为藏区苯波教七大神山之一，藏语为"夏旭冬日"，即东方的海螺山。

在黄龙景区，你可以远远地看到这座雪山巍峨的姿态，如果时间允许，也可以预留一天去感受一下雪山巍峨庄严的气魄。

达人提示

黄龙风景区被雪山环抱,其中以雪宝顶最为奇观。雪宝顶海拔5588米,正好是"我我发发"的谐音,所以被当地视为吉祥的象征,因此很多人认为在黄龙观赏雪宝顶是一趟幸运之旅。雪宝顶以其山形、云雾、日出、日落等闻名,也是登山爱好者的最爱。雪宝顶周围的玉翠山等也都在5000米以上。

17 松潘

玩全攻略

地址 位于阿坝藏族羌族自治州内,是前往九寨沟、黄龙的必经之地。

路线 成都茶店子客运站等有客车直达松潘。

门票 免费。

最佳时间 四季皆宜。

最美看点 嘎里台草原、百花娄森林公园、毛尔盖会议遗址、四沟景区、丹云峡山等。

松潘是前往九寨沟和黄龙景区的必经之地,从成都沿着岷江而行,大约335公里。松潘是古代重镇,历史十分悠久,如今镇中仍保留着古城门遗址。

目前,松潘已经发展成了一座繁荣的城镇,街道两旁是商店、餐厅和旅馆,路边也有一些摊位,多了几分现代都市的气氛。这片繁荣景象主要得益于当地游牧业的发展。松潘居民包括藏、羌、回、汉等民族,所以街上有各类藏族工艺品、藏族服饰、中药材等出售。

达人提示

松潘是我国古代地处边陲的军事重镇,是内地与西羌吐蕃茶马互市的集散地,有"高原古城"之称,至今已有2300多年的历史。

第4章 黄龙玩全攻略

18 牟尼沟

玩全攻略

地址 位于阿坝松潘县内。

路线 从松潘县城到牟尼沟，乘车20分钟左右，一般的旅游线路都会路过这一段。

门票 扎嘎瀑布、二道海：旺季70元，淡季60元；牟尼沟套票旺季100元，优惠价70元，淡季60元。

最佳时间 4月1日至11月15日。

最美看点 扎嘎瀑布、二道海等。

牟尼沟景色不逊九寨沟，因为其民族风情更浓，集九寨沟和黄龙之美于一身，却比九寨沟更为清静。牟尼沟冬季不会结冰，即使大雪纷纷，仍然可以进入。牟尼沟的藏传佛教主要是格鲁教派，即"黄教"，主要寺庙有肖包寺和牟尼后寺；主要节日有每年农历五月十五日的卓锦节等。

达人提示

牟尼沟的主要景点有：扎嘎瀑布、牟尼森林、百亩杜鹃、翡翠温泉、百花湖、月亮湖、天鹅湖和溶洞群等。

19 川主寺

玩全攻略

地址 位于阿坝州松潘县川主寺镇。

线路 川主寺是前往九寨沟、黄龙等景区的交通要。

最美看点 川主寺及镇内风光等。

川主寺始建于270年，简称"卓仑贡巴"。解放初寺院共有房屋86间，占地27亩，大殿雕梁画栋，雄伟壮观。寺内曾经供奉大小泥塑菩萨2018尊，铜铸菩萨1025尊，银子唢呐2对，大蟒号4对，唐卡350幅，经书3250卷，舍利塔2座，大小转经筒524个，木雕菩萨128尊，还存有黄金、白银等财产。"文革"期间，寺院和财产遭到损毁，仅剩镇寺之宝、部分文物和经书。

达人提示

川主寺镇以东39公里是黄龙主沟风景区，并延至雪宝顶、丹云峡风景区，以北87公里是九寨沟风景区，以西40公里是大草原，并延至黄河九曲第一湾，以南17公里处是松潘古城，并延至牟尼沟风景区，以北15公里是红石公园。

20 丹云峡风景区

摄影指导

近距离拍摄山上的野果，色彩具有诱惑力。

玩全攻略

- **地址**：位于松潘县内，与黄龙风景区相邻。
- **路线**：可从黄龙景区租车前往。
- **门票**：40元。
- **最美看点**：花椒沟、石马关及灶孔岩等。

丹云峡位于黄龙沟口涪源桥到小河乡头洞桥之间，涪江贯穿于35公里的峡谷中，峰险崖奇，林深蔽日，激流险滩，飞瀑溅玉。秋来红叶如云霞，故称丹云峡谷。涪江是峡谷之魂，清人杨铁舟有诗云："雪岭千峰拱，松崖半壁寒。碧泉纷照影，簇簇好林峦""大石扼江水，水鸣越其背。浪花圆似珠，万斛一时溃"。

阿坝

第 5 章

阿坝玩全攻略

阿坝必游：三景
阿坝印象：解读
阿坝攻略：交通
阿坝攻略：饮食
阿坝攻略：住宿
阿坝攻略：购物
阿坝攻略：游玩

阿坝必游：三景

若尔盖、红原、阿坝三县的面积总和占阿坝州面积的三分之一，这一区域内旅游资源相当丰富，藏族塔寺、民俗村寨及草原景观融合于此，使其成为很多自助游者非常向往的地域之一。而马尔康为阿坝藏族羌族自治州的首府，它除了旅游资源丰富外，交通也十分方便。

01 格尔登寺

格尔登寺位于阿坝县城西北角，具有120多年的历史，是四川境内规模最大的藏传佛教格鲁派寺院。该寺现占地面积为18000平方米，有僧人1000余人，大小活佛14人。该寺建于同治九年(公元1870年)，其前身为洞沟寺，在工农红军长征时曾为红军领导机关所在地。

02 瓦切塔林

瓦切塔林位于红原县瓦切乡,藏语意为"大帐篷",这里有纪念第十世班禅大师诵经祈福之地瓦切塔林,塔林周围是一片连绵的经幡,今为瓦切塔林帐篷风情乐园,甚为壮观。

03 花湖

若尔盖草原宛如一块镶嵌在川西北边界上瑰丽夺目的绿宝石,素有"川西北高原的绿洲"之称,是我国3大湿地之一。其中的花湖如草原上镶嵌的一颗明珠,瑰丽夺目。

阿坝印象：解读

阿坝地区优美的自然风光与极具特色的民族文化有机结合，形成其独特而丰富的旅游资源，被称为雪域之乡、雪梨之乡、牦牛之乡及熊猫之乡。其中四姑娘山属国家级风景名胜区，卧龙、若尔盖高原湿地属国家级自然保护区，卓克基土司官寨属国家级人文景点，这些地区藏羌民俗特色鲜明。

01 历史与区划

历史	千百年来，我国古代的氐羌诸部、鲜卑、吐蕃、汉、回等民族用辛勤的劳动和无穷的智慧共同开发了阿坝，他们在这里互相融合，共同进步，逐步构成这块土地的主要民族：藏、羌、回、汉。1952年阿坝州全境获得解放，年底建州
区划	阿坝州包括马尔康、金川、小金、阿坝、若尔盖、红原、壤塘、汶川、理县、茂县、松潘、九寨沟、黑水等13县

02 地理与气候

地理	阿坝州地处青藏高原东南缘、横断山脉北端与川西北高山峡谷的结合部，位于四川省西北部，紧邻成都平原，幅员8.42万平方公里
气候	阿坝州复杂的地形地貌造就了多样的气候。气温自东南向西北随海拔由低到高而相应降低。主要气候特点是夏天多阵雨、冰雹和大风，冬季较长，甚至给人以长冬无夏的感觉，春秋季节几乎没有。不过因为地处高原，全年的日照十分充足，紫外线强，气温的变化也很大，年平均气温为5℃，且昼夜温差大

03 民族与节庆

民族	阿坝州藏族占全州居民的52.3%，羌族占17.7%，回族占3.2%，汉族占26.6%，其他民族占0.2%。它是四川省第二大藏区和我国羌族的主要聚居区

续表

节庆	阿坝州的节日主要有：摩朗节(正月初三至十五)、嘉绒藏族地区看花节(藏历5月至6月)、若尔盖县雅敦节(大致7至8月)、牦牛文化节(7月)、红原县祥隆节(7月至8月间)、壤塘县藏巴拉节(8月18日)、阿坝县扎崇节(7月)、茂县祭山节(农历6月至9月)和金川县雪梨节(4月)等

04 阿坝特色文化

红军文化：中国工农红军长征从1935年4月进驻阿坝州到1936年8月全部走出草地，停留达16个月，留下数处会址、遗址、文物等，还有鲜为人知的红四方面军在金川建立的格勒得沙共和国遗址，以及后来建造的松潘红军长征总碑园、亚克夏雪山红军烈士陵园等。

05 旅游实用信息

防晒	阿坝州地处高原，紫外线非常强。防晒霜防晒指数要在SPF30以上，还要备有遮阳帽和太阳镜
衣物	阿坝州昼夜温差大，要带足衣物
药品	常规药品：创可贴、感冒药、止泻药；抗高原反应药品：红景天(提前一周服用，抗高原反应)、百服宁、芬必得酚咖片(有助于控制高原反应引起的头痛)、速效救心丸(高原反应紧急发作时服用，有助于缓解高原反应)、维生素(补充维生素，以防发生高原反应)
最佳旅游季节	最适合到阿坝州旅行的季节是每年的5—10月。特别是10月份，可以看到米亚罗绚丽的红叶景观

阿坝攻略：交通

01 航空

九黄机场位于松潘县川主寺镇，是目前阿坝州境内唯一的机场，距九寨沟沟口和黄龙分别为88公里和43公里，目前除成都、重庆外，旺季还开通了至西安、昆明、张家界、深圳、广州和上海的直航航线。不过除了九寨沟—黄龙景区外，由九黄机场至阿坝州其他景区并不方便，所以如果想在阿坝州多玩些地方的话，还是乘车抵达较为方便。

02 客车

成都茶店子客运站有到达阿坝州各县的长途班车，阿坝州汶川县则是一个重要的中转站，适合自助旅游的朋友转车和休息。北边的松潘与川主寺也是比较重要的中转站。

成都至汶川的客车从早晨6:00开始，2小时左右一班客车，票价为22元左右。都江堰至汶川的客车每日早晨6:20开始，平均2小时左右一班客车，票价为18～21元/人。

汶川县汽车站在汶川威州镇，每天都有发往成都、都江堰、彭县、理县、马尔康、九寨沟等地的客车。

03 区内交通

公交车	阿坝州各县的辖区都很大，但县城并不大，所以除了有长途客车外，县城里没有公交车
出租车	县城里的出租车数量不多，一般不打表，需和司机当面谈价。汶川城内一般2～3元起价，出城按计价付费，去桃坪羌寨出租车费用约25元左右。包车通常可去成都、都江堰、九寨沟、松潘、理县、马尔康等地，费用较贵
人力三轮车	阿坝州各县城内的交通都以人力三轮车和出租车为主。人力三轮车都不太贵，一般来说，县城内1元/人起价，稍远的地方3～5元

阿坝攻略：饮食

阿坝州是多个少数民族的聚居地，当地的汉、藏、羌民族有自己独特的食俗和美食。到阿坝州旅游，一定不能错过品尝当地风味地道的民族饮食。其中红原县有"高

第 5 章　阿坝玩全攻略

原美食之城"的美誉，主要以藏餐为主，辅以红原特色，兼有成都和兰州风味，特别适合大江南北，四海宾朋。

01 酸菜面块

酸菜面块是一种特色很浓的藏族传统晚餐。主要原料是酸菜，制作酸菜时把菜叶煮到快熟时，取出冷却，然后装入坛子或木桶里，密封好放在阴凉处，一星期左右就成了。

达人提示

制作面块时，会加酸菜、阴干的腊肉或新鲜牦牛肉，再加进土豆、面块以及盐、葱等煮熟。

02 手抓肉

手抓肉主要取材牛肉和羊肉。藏族食用牛、羊肉讲究新鲜，是将带骨牛(羊)肉切成10公分大小洗净，加水、盐和香料煮熟，盛入盘中，用藏刀削成片(条)，即可食用。

达人提示

藏民外出游牧，数月不归，而羊肉却有饱食一顿，整天不饿之功效。

03 瓦切鱼

"瓦切鱼"被称为红原第一美食,由红原瓦切乡省道S209和301交汇处的"瓦切鱼庄"最先烹饪制作。

达人提示

瓦切鱼以俗称"裸体鱼"的高原冷水鱼为原料,以红烧口味为主,并有创意地加入藏式吃法,即在鱼汤里可加入面块、肉肠等。

04 清炒山珍

清炒山珍,主要以盛产于红原刷经寺的纯天然的野生菌和蘑菇为原料,清炒而成。这道菜深受当地人的喜爱。

达人提示

天然野生菌和蘑菇含有几十上百种人体必需的氨基酸和丰富的植物蛋白质,能增强体质,延缓衰老。

05 酥油茶

由于砖茶含鞣酸多,刺激肠胃蠕动加快消化,单喝极易饥饿,一般加酥油或牛奶。酥油茶是藏族的一种饮料,多作为主食与糌粑一起食用,是藏族的待客佳品。

第5章 阿坝玩全攻略

达人提示

酥油茶是将砖茶用水煮好，加入酥油，放到一个细长的木桶中，用一根搅棒用力搅打，使其成为乳浊液，加热1分钟左右即可饮用。

阿坝攻略：住宿

阿坝州住宿地很多，从星级酒店到家庭旅社一应俱全，其中星级酒店主要集中在四姑娘山、九寨沟—黄龙景区周边；经济型宾馆分布在全州各个地方，选择范围也很广；至于家庭旅社，多分布在景区周围，不仅价格便宜，还能让游客感受到当地特有的藏羌风情，很适合背包客落脚。

阿坝热门酒店推荐如下。

01 九曲第一湾帐篷宾馆

九曲第一湾帐篷宾馆是特色民居，位于若尔盖县唐克乡，2003年5月建成营业，主要经营住宿、中餐和藏餐服务。餐厅可同时供120人就餐。联系电话为13882493555。

亲历记忆

黄河九曲第一湾景区和瓦切都有帐篷宾馆，这些宾馆属于特色平价宾馆，房价30元起，一般有电热毯等生活用品，还算方便。

02 郎木寺宾馆

亲历记忆

这是镇上条件最好的宾馆，80元的标准间可以看到对面山坡上的寺院，老板很热情，住宿很温馨，门面不太大，很容易被疏忽。

四川·九寨沟玩全攻略（图文全彩版）

郎木寺宾馆位于唐克镇朗木寺，宾馆多人间提供20元左右的床位，标准间60～80元每间。联系电话：0941-6671086，13893945886。

03 红原宾馆

红原县是阿坝州唯一的以藏族聚居为主的纯牧业县，红原宾馆位于红原县邛溪镇崇唐巷，联系电话为：0837-2662586。

亲历记忆

我们去的时候是春节，整个店看起来很有节日气息，装饰具有少数民族风格，坐落在景区主干道上，下榻和出行都很方便。

第5章 阿坝玩全攻略

04 香巴拉宾馆

若尔盖香巴拉宾馆位于若尔盖县城香巴拉北街，是若尔盖最好的旅游涉外宾馆之一，有地道的藏式食品和可口的川菜。

亲历记忆

香巴拉酒店价位比较便宜，一般在70元左右，我们去的时候还加了一个铺位，多付了30元，整体来说条件不错。

05 大藏古格王朝酒店

大藏古格王朝酒店位于若尔盖县西部旅游牧场内，紧邻209省道，邻近黑河、213国道，风景秀丽宜人。它周围有若尔盖影剧院、达扎寺等。酒店以石木为主要建筑材料，室内的摆件、地毯、灯饰都富有浓郁的藏文化元素，房间平均30多平方米，宽敞、温馨、舒适。

亲历记忆

大藏古格王朝酒店条件很好，很有民俗特色，而且我们住的房间可以观赏到室外美丽的风光，只是价位偏高。

阿坝攻略：购物

阿坝的物产极为丰富，在当地的地理环境和气候条件的影响下，采集于阿坝雪域高原上的冬虫夏草、贝母、天麻、党参、麝香等各种珍异中药材，以及苹果、核桃、甜樱桃等水果都有着其他地方无法比拟的品质。松茸、羊肚菌、獐子菌等野生食用菌不仅是各种美食配料，而且具有多种食疗功效。

阿坝特产推荐如下。

01 水晶

阿坝州雪宝顶水晶，产于阿坝高原，质地纯净，晶莹剔透，具有多种色泽，经常佩戴对人体有益。

达人提示

水晶有白水晶、紫水晶、紫黄晶、黄水晶、绿发晶、红发晶等，其中白水晶有聚焦、集中、扩大记忆的功能，是所有能量的综合体。

02 雪茶

雪茶为地衣类地茶科植物，状如空心草芽，长30～70毫米，粗1～3毫米，重量极轻，形似白菊花瓣，洁白如雪，因此得名。

达人提示

雪茶又名"雪地茶"，对肺炎咳嗽、癫痫狂躁、神经衰弱、高血压疗效显著。九寨沟人常常品雪茶来健身。

第 5 章　阿坝玩全攻略

03　木耳

阿坝盛产黑木耳，木耳别名黑木耳、光木耳。木耳新鲜时软，干后成角质，口感细嫩，风味特殊，是一种营养丰富的著名食用菌。

达人提示

木耳含糖类、蛋白质、脂肪、氨基酸、维生素和矿物质，有益气、充饥、轻身强智、止血止痛、补血活血等功效。

04　野生藏药

在九寨沟这个植物王国里，生长着数以千计的药用植物，如虫草、天麻、雪莲、党参、贝母等，为四川中药主产地之一。

达人提示

天麻属兰科植物，为一株肉质独苗，黄红色，其根部即是稀有珍贵的天麻。天麻是平肝息风的良药，对肝风引起的头痛有特效。

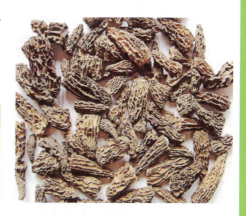

05　羌族乐器

藏羌少数民族都天性喜乐，热爱音乐，常常自制民族乐器。羌族的民族乐器主要有羊皮鼓、羌笛、口弦和盘铃等。古代羌笛用骨制成，前端吊一截皮绳，可作鞭使。

> **达人提示**
>
> 现在所见羌笛为六声双管竖笛，用油竹制成，长约50厘米，直径1~2厘米，双管双翼，管上齐开六孔，管头插竹。

阿坝攻略：游玩

阿坝现有3个世界级风景区、3个省级风景区、4个省级自然保护区、101个一级景点、38个二级景点、19个三级景点以及个人文景观板块。文化特色有长征史诗、藏文化、羌文化、历史文化、藏传佛教文化，形成了北看黄龙九寨水，南观卧龙四姑娘山，中游峡谷大草原，重走红军长征路，再赏民族和远离都市的地理环境，是世界级的旅游胜地。

阿坝热门景点推荐如下。

01 格尔登寺

> **达人提示**
>
> 矗立在格尔登寺院西南侧的格尔登寺大佛塔是雪域高原上屈指可数的几座大型佛塔之一。1987年10月，由政府拨款和自筹部分资金修建的格尔登寺大佛塔竣工开光，并正式向信教群众开放。格尔登寺大佛塔高49米，佛塔外围是环塔转经走廊，有数百个小经轮和十余个大型转经轮。

格尔登寺大经堂有120根柱子，可容纳数千僧民诵经、祈祷，是藏区屈指可数的大型经堂。大经堂前厅上额以精美豪华的藏式雕刻为装饰，有甲(大力神)、雪香香(人身鸟足的美声鸟)、桑给冈吉(八脚狮子，这是先仇后友的狮鸟后代，是和平的象征)、琼(是

第5章　阿坝玩全攻略

玩全攻略

- **地址** 位于阿坝州阿坝镇上。
- **路线** 从成都茶店子客运站乘车前往阿坝镇，然后步行可达。
- **门票** 20元，可换一条哈达。

已消失的大海中的一种鸟）。另外还有四大天王壁画，即护国天王、增长天王、广目天王和多闻天王，他们是守护圣土东西南北四方的至尊天王。

02 瓦切塔林

玩全攻略

- **地址** 位于阿坝州红原县瓦切乡，在省道209路边。
- **路线** 行经红原至若尔盖之间的班车可达。
- **门票** 20元。
- **时间** 四季皆宜。
- **最美位置** 佛塔。
- **最美看点** 白塔群、经幡群和草原风光等。

瓦切经幡群北距黄河第一弯60公里，南距红原县城40公里，往东150公里可去松潘县的川主寺。经幡是藏区普遍存在的一种图腾，它是在布、麻织品上书写经文，将其插在山巅、路口、河边等地，其意义为用自然之力来诵经，以保平安吉祥。瓦切的经是围成一顶圆形帐篷，其经幡群面积之大为藏区所少见。在经幡群旁边有一片白塔和转经筒，常有藏胞在此转塔、转经。

达人提示

当地特产有红原牌系列乳制品、利祥牌脆腊食品、华盛牌罐头食品及纯天然沙棘饮品、山野菜系列产品、红叶塑封签、红叶系列酒等。

03 花湖

玩全攻略

地址 位于阿坝州若尔盖镇若尔盖大草原上。

路线 从若尔盖长途汽车站搭每日14:30开往郎木寺的车，会经过花湖，车资16元，包车到花湖当天往返车费约100元。

门票 20元。

最美看点 若尔盖草原风光、野生动物保护区、花湖景观等。

达人提示

若尔盖草原上的湿地区约300多个大小湖泊，中心区域有3个较大的湖泊，花湖就是其中的一个，也是其中最著名的湖泊。

花湖又名美朵湖，位于若尔盖热尔大草原。花湖是镶嵌在草原上的蓝宝石，浮光跃金，一碧万顷，湖岸边芦苇草丰茂。黄鸭、溪鸥、黑颈鹤常栖于湖畔，嬉水自乐，旱獭、灰兔穿梭出没。天鹅、白鹤、黑颈鹤成群结队，或舞姿翩翩，或翱翔于蓝天，欢快的百灵鸟在空中翻飞，身临其境，犹如进入梦幻的动物王国。壮观的草原晨景更是妙不可言。

04 色格寺

玩全攻略

地址 位于阿坝州阿坝镇。

路线 景点在阿坝镇上，游客从镇上步行可达。

时间 冬季除外。

藏区难得一见的觉囊教派在阿坝难得地保留了一座代表寺院——色格寺。色格寺始建于1862年，外观朴素，但目前有些破旧，而且几乎没有大门，一条僧舍间的小巷子似乎可以通到大殿前的空地。觉囊教派是属于比较守旧、严肃的派别，在进入寺院的巷口贴有"严禁女性入寺"的告示。冬季时常闭寺念经，谢绝参观。请游客一定要遵守那里的规矩。

第 5 章　阿坝玩全攻略

达人提示

在藏传佛教五大教派之外还有一个觉囊派，觉囊派文化的中心在四川阿坝州的壤塘县。觉囊派系是藏传佛教一个独特而重要的教派，其法脉源于南印度聚米塔文化，保留了西藏觉囊文化主流的法脉传承，容纳了当地财神文化形式。觉囊文化中不乏众多吉祥多门大佛塔、藏经阁、民居等。

05 郎依寺

玩全攻略

地址	位于阿坝州阿坝镇。
路线	成都茶店子客运站每天早上有前往阿坝的车，再从阿坝镇乘出租车前往约15元。
门票	20元。
时间	7:00—17:00。
最美位置	经堂。
最美看点	苯教寺院、经堂、当地民俗、建筑等。

郎依寺距阿坝县城约2公里，该寺为西藏"灭本兴佛"时传入并兴建的本教寺院。该寺雕塑精美和富有特色。寺庙大经堂的横梁上，有许多仙女雕像，仙女手执线条简捷而明快的供物，姿态万千，秀丽动人。在其他神殿中的立柱和横梁上，也有许多精雕细刻的法轮、华盖、宝幢、海螺、宝珠、吉祥结、玉瓶、供命鸟、凤鸟、孔雀等。此外，那些鹏首狮足的双翼狮、螺身的鳌鱼等都是相互对立的动物凑在一起，其意深远。

达人提示

郎依寺教学严谨，13个学级分明，吸引了众多僧人来此学习。寺院内小童众多，充满了童趣。游客注意，其殿堂不允许女性进入。

06 索克藏寺

玩全攻略

地址 位于阿坝州唐克县。

路线 若尔盖长途汽车站每天5:00有一班车前往唐克，车资12元，若从若尔盖包车前往约100元。

门票 20元。

时间 17:00关门。

最美位置 白塔。

最美看点 黄河第一弯、草原风光、藏族宗教风情等。

达人提示

这一带没有学校，有钱人家在寺庙中捐建一座僧房，把自己的孩子送到寺庙中，待学习完成后，再返回家中，房子即捐给寺庙。

唐克乡的索克藏寺是藏传佛教中著名的寺院，面向黄河九曲第一弯，宏伟的建筑依山而建，还有大片的僧侣居室建在山坡的下方，整片建筑显得错落有致。寺后面的山包大约有150米，是欣赏晚霞中的黄河九曲第一弯的最佳地方。当夕阳一点点落下去时，在层层晚霞的辉映下，索克藏寺身处其中金光般地遥相呼应。索克寺主殿，里面能坐几百个喇嘛。

07 万象大慈法轮林

玩全攻略

地址 位于阿坝州红原县。

路线 从红原县包车前往车费在50元左右。

门票 30元。

"万象大慈法轮林"，俗名"麦洼寺"，是一座宁玛隆钦宁提大寺院，坐落在川西北海拔3508米的红原大草原上。寺院始建于1646年，毁于20世纪60年代末。1984年主持伽央·喜喇坚赞活佛率众破土重建，1990年9月顺利竣工。它以建筑风格宏伟壮观、装饰精美、藏书藏宝丰富著称，为全国第一大宁玛大殿而闻名佛教界。

第 5 章　阿坝玩全攻略

达人提示

万象大慈法轮林每天上午开放2个小时，下午开放4个小时，买票后即有喇嘛导览。大殿内有三层楼高的大慈等菩萨像五尊，均全身镀金。还有用金银、铜做成的大大小小的菩萨数尊，塔子几千个，此外还藏有一千多年流传下来的大小五明学系科的书籍2万多册。鼎盛时有僧侣2000人。

08 月亮湾

玩全攻略

- **地址**：位于阿坝州红原县。
- **路线**：在成都茶店子客运站搭车前往红原，再从红原包车前往约10元。
- **门票**：免费。
- **时间**：每年4至9月，每天6点到8点日落时分。
- **最美位置**：丘原上。
- **最美看点**：草原风光、日出日落景观、牛、马、羊等。

红原月亮湾是红原大草原上的精华景点，距红原县城3公里，因草原上的河流弯曲像弯月，故名"红原月亮湾"。公路在一座丘原上横穿，丘原下是一马平川的草滩，落差约50米，大自然就把景色布置在这片草滩上。黄昏时，近处绿草茵茵，远处山峦叠黛，夕阳染红了天空，也染红了弯弯的流水，伫立在河边的马匹，悠闲地吃着青草，摆着尾巴，使草原显得格外静谧。和若尔盖的草原相比，红原的草原更像一个温婉秀丽的藏家女子，让人久久不能忘怀。

达人提示

红原月亮湾拥有古老、美丽的传说，在红原月亮湾留影、许愿、观夕阳西下的美丽黄昏都是不错之选。

09 九曲黄河第一弯

玩全攻略

地址 位于四川省阿坝藏族自治州若尔盖县唐克乡。
路线 可从成都茶店子客运站搭车前往唐克，再前往景区。
门票 免费。
时间 夏季。
最美位置 丘原上。
最美看点 草原风光、湖泊风光、梅花鹿牧场、帐篷宾馆、日出夕阳景观及索克藏寺院等。

九曲黄河第一弯位于若尔盖县唐克乡，距县城61公里，地处草原腹心地带，白河于此汇入黄河，形成浩大气势。这里河面宽而蜿蜒，曲折河水分割出无数河洲、小岛，水鸟翔集、渔舟横渡，被中外科学家誉为"宇宙中庄严的幻影"。黄河第一弯地势平坦，水流舒缓，小岛、岸边红柳成林。索克藏寺院修筑于黄河第一弯山凹临河处，白塔古寺、帐篷炊烟相伴黄河，更显自然悠远博大。

达人提示

红军二万五千里长征曾多次通过这里，留下了许多可歌可泣的动人故事和革命遗址，使草地声名远播海内外。

10 卓克基土司官寨

卓克基土司官寨位于距马尔康县城7公里的卓克基镇西索村。官寨依山而建，坐北朝南，被国际友人赞誉为"东方建筑史上的一颗明珠"。官寨始建于1918年清朝乾隆年间，为四层碉房，1936年毁于大火，1938—1940年，土司索观瀛组织人力进行重建。1935年，毛泽东同志及中央机关长征途中曾在官寨住宿一周。1988年，卓克基官寨被列为第三批国家重点文物保护单位。

玩全攻略

地址 位于阿坝州马尔康县。
路线 从马尔康市区租车前往车费约30元。
门票 90元。

第5章 阿坝玩全攻略

达人提示

1935年中央红军红六团进入卓克基地区，时任国民党"游击司令"的索观瀛亲率士兵进行阻击。士兵将宣传民族政策的通司打死，红军被迫还击，士兵败退到官寨。深夜，红六团为联络后续部队向天空发射数颗五光十色的信号弹。士兵使用的火药枪因受潮而无法使用，便以为红军会施"法术"，吓得惊慌而逃。

11 松岗碉楼

玩全攻略

- **地址** 位于阿坝州马尔康县。
- **路线** 可从马尔康市区租车前往，约40元。
- **门票** 免费。
- **时间** 全年开放。
- **最佳时间** 四季皆宜。
- **最美位置** 碉楼上。
- **最美看点** 八角古碉群、嘉绒藏族民俗风情等。

松岗直波八角古碉群景区位于马尔康县城17公里的松岗乡直波村，藏语意为"峡谷口上的官寨"，建于清乾隆年间，为松岗土司建。虽为碉群，实有三碉，碉为石木结构，八角，整体由下向上渐内收呈台锥形。其中一座高29米，一座高41米，另一碉已残。松岗碉楼为省政府第三批公布之文物保护单位，嘉绒地区有"千碉之乡"的美誉，而作为全国文物保护的碉楼却仅此一处。

达人提示

碉为石木结构，八角碉整体由下向上渐内收尾呈锥形。两碉对峙，可敌万军，双碉内有暗道相通，碉底有井储存粮食可保数月不腐。

12 梭磨河谷

玩全攻略

地址 位于阿坝州马尔康县白湾乡。
路线 从马尔康市区包车前往梭磨河谷约35元。
时间 全年开放。
最佳时间 春天。
最美位置 古尔沟段。
最美看点 5月欣赏杜鹃等野花、秋天高大的变叶木色彩丰富，以及冬季的冰雪风情等。

从米亚罗峡谷红叶温泉乡风景区出发，翻过了海拔4000多米的鹧鸪山，便来到了美丽的梭磨河谷。梭磨河谷发源于红原草地，流经这条峡谷，汇入大渡河。梭磨河谷全长60公里，平均宽度还不到500米。这里气候温润，植被丰富，沿途美景让人目不暇接。除了迷人的景色外，梭磨河谷一线还以其独特的人文风情，成为我们了解嘉绒藏族风土人情的重要窗口。

达人提示

嘉绒在州内金川、小金、马尔康、理县、黑水和汶川部分地区，讲藏语方言嘉绒话，并以农业生产为主。

13 桃坪羌寨

桃坪羌寨，在理县东40公里处，距成都市约180公里。该寨是羌族建筑群落的典型代表，寨内一片黄褐色的石屋顺陡峭的山势依坡逐坡上垒，其间碉堡林立，被称为最神秘的"东方古堡"。桃坪羌寨以古堡为中心筑成了放射状的8个出口，出口连着甬道构成路网，本寨人进退自如，外人如入迷宫。近年来，去桃坪羌寨的游人与日俱增，让这个小山寨充满了"商业"气息。

玩全攻略

地址 理县杂谷脑河畔桃坪乡。
路线 在成都西门汽车站搭前往米亚罗、马尔康的巴士在中途下车。
门票 60元。

第5章　阿坝玩全攻略

达人提示

桃坪羌寨，羌语"契子"，依山傍水，岷江支流杂谷脑河自村而过。该村寨通过古朴浓郁的民风民俗、神奇独特的羌民族建筑、天然地道的羌族刺绣和奔放的羌族歌舞，展示着古朴迷离的羌族历史。夜幕降临，篝火熊熊，羌家人围着咂酒、载歌载舞，往往是"一夜羌歌舞婆娑，不知红日已瞳瞳"。

14 卧龙自然保护区

玩全攻略

- **地址** 位于阿坝州汶川县。
- **路线** 成都茶店子客运站每天早上有前往阿坝的车，再从阿坝镇搭车前往。
- **门票** 10元。
- **时间** 全年开放。
- **最美位置** 大熊猫苑。
- **最美看点** 大熊猫等珍稀动植物、四姑娘山等景点、汶川县其他景区及当地民风民俗等。

卧龙自然保护区位于四川省阿坝藏族羌族自治州汶川县西南部、邛崃山脉东南坡，最高峰为西南的四姑娘山，海拔6250米，附近高于5000米的山峰有101座。保护区距成都130公里，交通便利。保护区始建于1963年，面积20万公顷，是中国最早建立的综合性国家级保护区之一，是国家和四川省命名的"科普教育基地"、"爱国主义教育基地"。保护区现有人口5343人，其中，农业人口4550人。

达人提示

卧龙为四川省面积最大、自然条件最复杂、珍稀动植物最多的自然保护区，也是中国第一个自然保护资源特别行政区。

15 达古冰川

玩全攻略

地址 位于黑水县芦花镇三达古村境内的达古雪山上。

路线 景区索道门票220元，观光车88元。
旺季200元(4月1日至11月15)；
淡季80元(11月16日至次年3月31日)。

门票 10元。

时间 全年开放。

最美看点 冰川、雪林、藏情等。

达人提示

景区内，冰川、雪峰、彩林、藏情、湖泊等资源丰富。春观山花、夏赏绿、秋品红叶、冬抚雪，宛如走进远古，探古潮源。

达古雪山山顶终年积雪，气势磅礴，山峰错落有致，在阳光的照射下银光灿灿，十分壮观。雪山的北坡和南坡发育有厚60~200米的现代山地冰川，其中最为壮观的三截冰川，即1、2、3号冰川，面积约8.25平方公里，形成年限达亿年，是整个景区的灵魂所在。冰川景区内环境保护良好，资源组合完整，野生动物的可视率极高，常常会给游人带来意想不到的惊喜。

甘孜

第6章

甘孜玩全攻略

甘孜必游：三景
甘孜印象：解读
甘孜攻略：交通
甘孜攻略：饮食
甘孜攻略：住宿
甘孜攻略：购物
甘孜攻略：游玩

甘孜必游：三景

甘孜藏族自治州是四川省3个民族自治州之一，也是四川最大的藏区。全州地处青藏高原东南缘，山川呈南北纵列式排列。"甘孜"是洁白、美丽的意思，州内有贡嘎山等著名大山，金沙江、大渡河、雅砻江等主要河流，以及雪山、高原、峡谷、草原，自然风光多姿多彩，森林、矿藏、自然资源十分丰富。

01 海螺沟

海螺沟是亚洲最东低海拔现代冰川发现地，海拔2850米。其大冰瀑布高1080米，宽0.5～1100米，是中国至今发现的最高的大冰瀑布。沟内蕴藏有大流量沸热温冷矿泉、大面积原始森林和特高的冰蚀山峰，蔚为壮观。

达人提示

海螺沟内还有大量的珍稀动植物资源，与金山、银山交相辉映。

02 亚丁三神山

稻城亚丁的三神山由仙乃日、央迈勇、夏诺多吉3座雪峰组成。三座山峰终年白雪皑皑，遥相呼应，直逼云天，摄人心魄。据佛教的典籍圣地咱日秘相记载，世界佛教二十四神山，它排名十一，属相是鸡，是众生供奉朝神积德之圣地，据说转山一次等于念一亿嘛尼的功德，而藏历鸡年朝拜，功德倍增。对于热衷雪山旅游的人而言，亚丁三雪山超凡脱俗，玄妙而有灵性，让人叹为观止。

达人提示

三神山位于念青贡嘎日松贡布，藏语意为"终年积雪不化的三座扩法神山圣地"。

第6章　甘孜玩全攻略

03 跑马山

近百年来，跑马山因《康定情歌》首句"跑马溜溜的山上，一朵溜溜的云呦"而闻名世界，山因歌而扬名的，世界上确也不少，跑马山是突出的一个。正如歌中所云，每当丽日晴天，跑马山上常有几朵白云逍遥其间，任人自托情愫。

甘孜印象：解读

甘孜州系康巴的主体，俗称康区，地处川、滇、藏、青四省的交界处，是我国第二大藏区的重要组成部分。自宋代以来，它一直在政治、军事上发挥着东屏四川、南控云南、西摄西藏、北啸青海的战略作用，是历代兵家必争之地。

01 历史与区划

历史	1955年西康省藏族自治州划归四川省，改称甘孜藏族自治州，自治州人民委员会驻甘孜县
区划	甘孜州现辖康定、泸定、丹巴、炉霍、九龙、甘孜、雅江、新龙、道孚、白玉、理塘、德格、乡城、石渠、稻城、色达、巴塘和得荣18个县

02 地理与气候

地理	甘孜州四面分别与西藏、青海、云南等省区为邻，面积153 002平方公里，地处第一级阶梯向第二极阶梯的过渡地带，属横断山北段川西高山高原区，青藏高原的一部分。地面平均海拔3500米，最高峰贡嘎山7556米，与其东坡的大渡河谷地，相对高差达6400米。地貌分为高原、山原、高山峡谷三大类型
气候	甘孜州主要属青藏高原气候，随高差呈明显的垂直分布，其特点是气温低、冬季长、降水少、日照足

03 民族与节庆

民族	甘孜州境内有彝族、藏族、羌族、苗族、回族、蒙古族、土家族、傈僳族、满族、瑶族、侗族、纳西族、布依族、白族、壮族、傣族等多个民族，总人口90万人。其中，主体民族藏族占78.4%。各族群众以大范围聚居小范围杂居形式分布于全州

第 6 章　甘孜玩全攻略

续表

节庆	甘孜的节日主要有：康巴狂欢节、康定跑马山国际"四月八"转山会、康定情歌节、塔公赛马会、墨尔多山庙会、嘉绒藏族风情节、嘉绒藏历年、九龙游海节、道孚安巴节、赛马会、炉霍望果节、甘孜迎秋节、"八一"国际赛马节和燃灯节等

04　甘孜特色文化

甘孜州是藏传佛教派系保留最全，藏族文化典籍、文献保存最完整，藏医药理论研究与制药发展最早的地区。德格县与西藏拉萨、甘肃夏河同称为藏区三大文化中心，素有"藏族文化宝库"之誉。

达人提示

享有"宇宙歌曲"之誉的《康定情歌》、"东方伊利亚特"之称的《格萨尔王史诗》等为康巴文化的闪光点。

05　旅游实用信息

防晒	甘孜州地处高原，紫外线非常强。防晒霜防晒指数要在30 ph以上，还要备有遮阳帽和太阳眼镜
衣物	甘孜州昼夜温差大，要带足衣物
药品	常规药品：创可贴、感冒药、止泻药；抗高原反应药品：红景天(提前一周服用，抗高原反应)、百服宁、芬必得酚咖片(有助于控制高原反应引起的头痛)、速效救心丸(高原反应紧急发作时服用，有助于缓解高原反应)、维生素等
最佳旅游季节	甘孜州位于川西北的高山高原区，冬季漫长而且寒冷，夏季多雨雾等灾害天气，因此出行甘孜应当选择在春秋两季

甘孜攻略：交通

01 航空

甘孜境内现有一个康定机场，除此之外，相邻地区亦有三个机场(即云南香格里拉机场、青海玉树三江源机场及西藏昌都邦达机场)可供选择，而且这三个机场都属康巴文化圈，都为探索这一区域好的出发点。成都双流机场是唯一与4个机场都通航的机场。

康定机场是2006年5月经中国国务院、中央军委批准建设的民用支线机场。该机场为世界第二高海拔机场(仅次于海拔4334米的西藏昌都邦达机场)，被称为是最美丽的景观机场，现有开往成都和重庆方向的航班。

02 客车

进入甘孜州，最大的交通枢纽是成都新南门车站，此站有发往康定、海螺沟、九龙、泸定、稻城、巴塘、甘孜等方向的客车。成都城北客运中心每天有5趟发往康定的班车，茶店子客运站有开往丹巴和小金的车次。

03 区内交通

康定为这一区域最大的交通中心，可直达大部分县城，去白玉和石渠得先到甘孜县再转车。甘孜和理塘则是次级交通枢纽，承担着康南和康北的转运。之外，除了泸定和丹巴，其余县市通常一天只有一至两班巴士。

甘孜攻略：饮食

康定地区以藏族菜为特色，藏族以熏烤肉为主，辅之以青稞酒、酥油茶、酸奶等饮品。当地汉族人以川菜为主，各餐厅、宾馆主要提供清淡而大众的菜品，若游客需要当地特色菜品，可以及时准备，也有已加工好的成品出售。

第6章　甘孜玩全攻略

01　藏家月饼

　　八月十五中秋佳节，赏明月、尝月饼是我国汉民族由来已久的民间传统习俗。一般藏族人民是没有这种习俗的，但在道孚县的鲜水镇、协德乡，藏族人家同汉族一样也流行过中秋节。这天家家户户都做一种"藏式月饼"，当地俗称"花馍馍"。"花馍馍"是用面粉做成的一种夹心并模印图案的薄饼，一般"花馍馍"的厚度约一指厚，直径为13厘米左右。

02　吹肺

　　吹肺又叫腌猪肺，是藏族独特的腌肉制品之一。吹肺是用新鲜猪肺从喉头吹气，边吹边用手拍打猪肺，使之扩张，再将适量的食盐、草果粉、辣椒面和蒜泥用温开水调成乳状，用汤匙从喉头灌入肺内，边灌、边抖、边吹气、边拍打，约需重复5～6次方能灌满。再用麻线扎紧喉管，挂在火塘高处干燥，2—3月后即可食用。吹肺是凉菜佳品，随食随取，可保存约1年之久。

03　酥油茶

　　从牛奶、羊奶中提炼出来的酥油是每个藏族人每日不可缺少的食品。牧民提炼酥油的传统方法比较特殊，先将奶汁加热，然后倒入一种叫做"雪董"的大木桶里，用力上下抽打，来回数百次，搅得油水分离，上面浮起一层湖黄色的脂肪质，把它舀起来，灌进皮口袋，冷却了便成酥油。一般来说，一头母牛每天可产四五斤奶，每百斤奶可提取五六斤酥油。

145

甘孜攻略：住宿

　　甘孜州住宿地很多，从星级酒店到家庭旅社一应俱全，其中星级酒店主要集中在贡嘎山—海螺沟周边，经济型宾馆选择范围很广。另外，景区周围有很多家庭旅社，便宜且具有民族风情，适合背包客落脚。

　　康巴县是适合游客首站落脚的最佳地，如果是前往贡嘎山的游客也可住在磨西镇，该镇是前往海螺沟和贡嘎山的住宿集中地，建有不少宾馆和温泉疗养中心。贡嘎山—海螺沟景区内有三大主要宿营地：一号宿营地，位于达干烟沟口，距磨西约11公里；二号营地，位于热水沟瀑布附近，距一号营地6公里，周围景点较多，可就近游览森林和温泉；三号营地离冰川观景台约2公里。

第6章 甘孜玩全攻略

甘孜州热门酒店推荐如下。

01 登巴客栈

登巴客栈位于康定县西大街北二巷6号格萨尔酒店旁，铺25元，双人床80元。这是康定规模最大的旅行客栈。

亲历记忆

登巴客栈有两间距离不远的分店，里面的双人床很多。客栈很具本地化，我们去的时候还打了麻将，后来客栈还帮忙租车，但价格有点贵。

02 卡萨大酒店

卡萨大酒店位于康定东关汽车站对面，标准间在120~140元之间。

亲历记忆

如果想在康区第一站就体会到浓郁的藏族风情，这里是一个不错之选。这里的酒店工作人员全是藏族，服务也很周到。

03 金山饭店

金山酒店位于海螺沟景区三号营地，这里是前往冰川的最后一站。但一般购买旅行社的行程会更便宜和方便。

亲历记忆

金山饭店和附近的金山大酒店价格都挺贵的，我们住的金山饭店标准间160元起，而金山大酒店最低价为580元。

甘孜攻略：购物

甘孜州独特的自然条件和多种多样的植物群落，孕育着丰富的植物资源，不仅盛产松茸等野生菌类，还盛产果木类，如巴塘的苹果和香杏，泸定的香桃、仙桃、樱桃，丹巴的梨、苹果、石榴，得荣县的核桃都久负盛名。同时甘孜州药用植物资源也十分丰富，是四川省主要的药材产区和重要的药源宝库。

甘孜州特产推荐如下。

01 蒙顶茶

蒙顶茶产于四川蒙山，古人说这里"仰则天风高畅，万象萧瑟；俯则羌水环流，众山罗绕，茶畦杉径，异石奇花，足称名胜"。蒙顶茶古时有"仙茶"之誉，专供朝廷。

达人提示

如今，蒙顶茶是四川蒙山各类名茶的总称，有传统名茶，也有新创制的，其中品质最佳的有"蒙顶甘露"、"蒙顶黄芽"等。

02 白菌

白菌产于海拔4200米以上的少数地方。生时呈金黄色，晒干即为白色。每年只有8月中的几天里可以捡到，时过不见踪迹。白菌盖小肉厚柄短、气味清香，曾作为"贡品"专奉清廷。

达人提示

白菌内含钙、磷、铁等矿物质，又富有蛋白质、脂肪、碳水化合物、粗纤维，营养价值很高。长期食用有防癌、抗衰老等功效。

第6章 甘孜玩全攻略

03 九龙花椒

九龙花椒是甘孜藏族自治州九龙县的特产。九龙花椒粒大肉厚，油润色鲜，因其香醇可口久负盛名。其中又以"正路椒"、"大红袍"、"高脚黄"等更出名。

达人提示

九龙乃渠所产花椒又名"贡椒"，原先曾为宫廷御厨调味必备品。

甘孜攻略：游玩

甘孜州旅游资源门类齐全，综合性、互补性强。东部地区有环绕"蜀山之王"贡嘎山形成的雄、奇、险、峻与秀美旖旎为一体的自然景观；南部地区有被称为"蓝天下最后一块净土"的稻城亚丁自然保护区，并以此为核心形成了"中国香格里拉生态旅游区"；北部地区以德格印经院和格萨尔故里为中心，自然景观与康巴文化相融合，独具魅力。

甘孜州热门景点推荐如下。

01 海螺沟

玩全攻略

- **地址** 位于甘孜州东南部，在贡嘎山东坡。
- **路线** 成都新南门车站有专线。
- **门票** 80元。

海螺沟冰川是贡嘎山东坡众多冰川中的一条，尾端伸入到原始森林区达6000米，海拔只有2850米，是地球上同纬度的冰川中海拔最低的。

冰川的粒雪盆是整个冰川的源泉，海螺沟盆地内冰雪积累到一定程度，就会翻越盆沿形成巨大雪崩，故粒雪盆虽美丽神秘，却只可远观不可靠近。盆地的边缘是中国已知最大的冰瀑布，高1080米，宽500～1100米，晶莹剔透，雄奇无比。海螺沟冰川是亚洲海拔最低、规模最大的海洋性现代冰川。

达人提示

海螺沟有"一沟有四季，十里不同天"的气候特征，山下长春无夏，植被茂盛，气候宜人。山顶终年积雪，年平均气温在-9℃左右。海螺沟四季可游，不受气候和景观条件的限制，是旅游、度假的好去处。

02 亚丁三神山

俄初山东南是驰名藏区的佛教圣地。同时，这里也是徒步者的天堂，可以自带帐篷入住景区宿营地，或者在老乡家借宿。三神山的三座雪山呈"品"字形排开，雪峰环绕宽阔的草场，纵横交错的溪流、色彩斑斓的海子、五彩缤纷的森林、灌丛以及夏日冰雪消融在雪线下形成的瀑布，交相辉映，十分美丽。

摄影指导

拍摄洁白的雪山，可以选一个好的角度远拍，中午光线太强，不宜拍摄。

玩全攻略

地址	位于四川甘孜州稻城县亚丁。
路线	抵达稻城后，再从稻城转车前往。
门票	在日瓦购买全票150元，有效期3天。
最美看点	雪山、冲古寺、牛奶海及洛绒牛场等。

第6章 甘孜玩全攻略

03 跑马山

城依傍着山，山护卫着城，自古跑马山就和山下的人有着不解之缘。跑马山处处美景浪漫，亘古就天设地造了这座公园。上山后，恍如进入仙界，你会悟到中华西塞天外天。那真、那美仿佛会洗涤俗念，尤其在跑马山公园，你一定会感到登上了灵山。

摄影指导

高角度拍摄景物不仅能容纳天空，形成独特的背景，还能更显气势风韵。

玩全攻略

地址 位于甘孜州康定炉城镇东南边。
路线 先租出租车到跑马山索道站，再搭缆车上山。
门票 50元，缆车来回30元。
最美看点 吉祥禅院、白塔、跑马坪及藏族风情等。

04 木格措

玩全攻略

地址 位于康定县北雅拉乡境内。
路线 只能从康定包车前往，来回约250元。
门票 门票加观光车82元。

木格措景区是贡嘎山国家级风景名胜区的重要组成部分，位于康定县北雅拉乡境内，距康定县城17公里。木格措汉名野人海，又名大海子，是川西北最大的高山湖泊之一。木格措景区由芳草坪、七色海、杜鹃峡、药池沸泉、木格措(野人海)、红海和黑海等景点组成。景区以高原湖泊、原始森林、温泉、雪峰、奇山异石及长达8公里的千瀑峡，构成了秀丽多彩的景观。

达人提示

木格措景区属青藏高原亚湿润气候区，夏秋凉爽，冬春严寒。12月底至次年2月，木格措湖面结冻，3月解冻，4月份前气温较低。夏季最热月平均气温为10～14℃。高原地带，景区昼夜温差较大，午间热，请注意防寒。10月下旬后下雪，可观赏雪景。

05 南无寺

南无寺是著名的格鲁派(黄教)寺庙，与毗邻的金刚寺被誉为"双寺云林"，为康定古十景之一。南无寺前身为跑马山的"娜姆寺"，有"仙女寺"之意。传说"娜姆寺"北宋年间就已建立，原系藏传佛教中一座白教庙宇。南无寺占地2524平方米，建筑面积3851平方米，为木石结构的四合院。

摄影指导

利用光线效果，突出被摄主体形与线的特征，可强化画面内容。

玩全攻略

地址 位于甘孜州康定县城南2.5公里。
路线 可从市内乘出租车前往。
门票 8元。
最美看点 寺庙建筑、藏族风情及节日盛况等。

第6章 甘孜玩全攻略

06 新都桥

新都桥地处318国道南、北线分叉路口，是一片如诗如画的世外桃源。这里有神奇的光线、无垠的草原、藏寨散落其间……川西的平原风光在这里美丽地绽放。新都桥又叫东俄罗，是一个镇名，海拔约3300米，沿线有10余公里被称为"摄影家走廊"。

摄影指导

雪山光线很强，远拍可利用其他色彩使它变暖和。

玩全攻略

地址 位于甘孜州康定县境内西部。
路线 可从康定搭往丹巴、道孚的巴士，在塔公下车。
门票 10元。
最美看点 草原、牛羊、藏寨及雪山等。

07 泸定桥

玩全攻略

地址 位于甘孜州泸定镇。
路线 乘成都前往康定的巴士可达。
门票 10元。

泸定桥位于西部大渡河上，是一座由清朝康熙帝御批建造的悬索桥。1935年，中国工农红军在长征途中"飞夺泸定桥"，使之成为中国共产党重要的历史纪念地。泸定桥全长103.67米，宽3米，由桥身、桥台、桥亭三部分组成。桥身由13根碗口粗的铁链组成，左右两边各2根，是桥栏，底下并排9根，铺上木板，就是桥面。

153

四川·九寨沟玩全攻略（图文全彩版）

达人提示

康熙皇帝为了国家统一，解决汉区通往藏区道路上的梗阻，下令修建大渡河上的第一座桥梁，并于公元1706年建成。康熙帝取"泸水"和"平定"之意，御笔"泸定桥"三字立碑于桥头，横批为"一统河山"。

08 上里古镇

上里古镇初名"罗绳"，是历史上南方丝绸之路临邛古道进入雅安的重要驿站，也是唐蕃古道上的重要边茶关隘和茶马司所在地，还是近代红军长征过境之地。因场镇内有韩、杨、陈、许、张(韩家银子——钱、杨家顶子——官、陈家谷子——田、许家女子——靓、张家锭子——斗)五大家族居住在此，故俗称"五家口"。

摄影指导

采用低角度拍摄，能显现古镇的形状和风韵。

玩全攻略

地址 位于四川省雅安市雨城区北部。
路线 从雅安旅游车站搭乘公交可达。
门票 韩家大院2元，双节孝牌坊2元。
最美看点 古镇建筑、红军文化及民俗风情等。

第6章 甘孜玩全攻略

09 洛绒牛场

位于四川省的洛绒牛场被"日松贡布"三座神山环绕，贡嘎河在草场穿梭，林间溪流潺潺，与牧场、木屋交相辉映，构成了一幅原始而又迷人的景色，令人们好似进入返璞归真的境界。洛绒牛场还是亚丁景区内最著名的住宿地点之一，前往三神山的游客可在此停留。

摄影指导

正面拍摄可展示动物的全貌，并借助简单背景，突出奶牛的生活场景。

玩全攻略

地址 位于甘孜州亚丁自然保护区。
路线 洛绒牛场设有马帮管理处，游客可在此购票租马。
门票 购亚丁自然保护区门票即可，价格为150元。
最美看点 草原风光及雪山景观等。

10 亚丁村

玩全攻略

地址 甘孜州亚丁三神山景区。
路线 可从稻城乘面包车前往。
门票 免费。

亚丁村，素有"最后的香格里拉"的美誉，海拔3900米，全村辖两个村民小组，总户数28户，183人，亚丁藏语意为"向阳之地"由日照长得名。

亚丁村地处峡谷当中，两条溪流在龙垅坝汇成一处。亚丁峡谷，北起康古，途经亚丁村，南至洛绒牛场，海拔2800~4200米，

达人提示
亚丁村坐落在亚丁山腰上,是参观稻城三神山最近的游客基地,村子里有不少招待所和民宿可供游客住宿。亚丁管理站设在海拔3700米处,管理站至冲古寺及洛绒牛场不通公路,只有平整过的马道,宽约2米,比较平坦,游客可以骑马旅行。

峡谷最大深度1500米,谷长25公里,沿途景观数不胜数。

11 五色海

五色海在光的折射下,产生五种不同颜色,其真名为"单增措",又名舍利海,意为吉祥海。它位于仙乃日与央迈勇之间、牛奶海右侧。五色海海拔为4600米,湖面呈圆形,面积为0.7公顷,现代冰谷下伸至湖畔,雪山倒影湖面,呈现奇幻的色彩。它是藏区著名的圣湖,据传能"返演历史,预测未来"。

摄影指导
拍摄蓝色海水时,可为整个画面赋予一层蓝色的调子,给人以清爽的感觉。

玩全攻略

地址	位于甘孜州亚丁三神山景区。
路线	游客可在亚丁村租马前往。
门票	亚丁三神山景区门票。
最美看点	湖面景光、雪山等。

第6章　甘孜玩全攻略

12 茹布查卡温泉

茹布查卡温泉位于贡巴山北麓，茹布查卡是因地名而命名的温泉，茹布藏语意为"朋友"，"查卡"藏语就是温泉，别名查合温泉茹。它是甘孜州著名的高温蒸气泉，温泉出口处水温一般为68℃，最高达80℃，昼夜流量高达7000立方米。温泉水质清澈，无色无味，不含硫，可饮用，具有强身健体、延年益寿、舒筋活血、调理人体内分泌及治疗皮肤病之功效。

摄影指导

拍摄街角小景注意光线和色彩，突出生活气息。

玩全攻略

地址 位于甘孜州稻城县。
路线 从金珠镇包车前往约20元。
门票 一次10元。
最美看点 高温蒸气泉、地方风俗等。

达人提示

在茹布查卡周围已形成了具有康巴特色的旅游度假村，而且稻城还独有温泉自来水。

川藏线

第 7 章

川藏线玩全攻略

川藏线必游：三景

川藏线印象：解读

川藏线攻略：交通

川藏线攻略：饮食

川藏线攻略：住宿

川藏线攻略：购物

川藏线攻略：游玩

川藏线必游：三景

川藏线是国道318线连接四川与西藏的重要战略要道，从湛蓝的高原湖泊、丰饶的藏南谷地、苍翠的原始森林、牛羊与野花遍布的湿地草原、被誉为"东方阿尔卑斯"的然乌地区，到三江汇流处峡谷地带的险峻、康巴藏区浓郁的宗教氛围和邦达草原的牧区风光……行走在川藏线上，每天都可欣赏到截然不同的美景。川藏线是近年来自驾游的热点线路。

01 四姑娘山

四姑娘山被当地藏民尊崇为神仙。相传4位美丽善良的姑娘，为了消灭杀害父母和残害村民的恶魔墨尔多拉，便与凶猛的妖魔作斗争，最后变成了4座挺拔秀美的山峰，即四姑娘山。

达人提示

四姑娘山特殊的地理条件为各类动植物提供了理想的生存环境。卧龙自然保护区就设在这里。

02 梭坡古碉

丹巴素有"千碉之国"的美称，大小碉楼分布在全县境内。在辖区内的梭坡乡及中路乡两处，古碉楼群依着山势及藏寨位置遍布山腰。据统计，整个丹巴县共有343个石碉，堪称羌碉博物馆。

梭坡乡离章谷镇县城很近，是欣赏羌碉群的最佳地点。梭坡古碉目前留存的多为家碉，寨碉只有三座，以四角、六角、八角为多，多数达30米高。

达人提示

碉为军事上防守用的建筑物，多用砖、石、钢筋、混凝土等建成。

第7章 川藏线玩全攻略

03 德格印经院

素有"藏文化大百科全书"、"藏族地区璀璨的文化明珠"、"雪山下的宝库"等盛名的德格印经院,全名为"西藏文化宝藏德格印经院大法库吉祥多门",又称"德格吉祥聚慧院",坐落在德格县城(更庆镇)文化街,为全国重点文物保护单位。

川藏线印象：解读

川藏线是川藏公路的简称，是连通四川成都与西藏拉萨之间汽车通行的第一条公路。在此路修通前，千百年来，中国西南部各民族的经济、文化交往枢纽就是逶迤在横断山区和西藏高原的崇山峻岭之间，一条世界上地势最高、路况最为险峻的交通驿道——茶马古道。

01 历史与区划

历史	1950年初，解放军奉命进军西藏，完成祖国大陆统一的历史使命时，毛泽东指示进藏部队："一面进军，一面修路。"新中国的筑路大军，劈山治水，终于使之在1954年12月25日与"青藏公路"同时开通
区划	川藏公路有两条，始于四川成都，经雅安、康定，在新都桥分为南北两线：北线(属317国道)经甘孜、德格，进入西藏昌都、邦达；南线(属318国道)经雅江、理塘、巴塘，进入西藏芒康，后在邦达与北线会合，再经八宿、波密、林芝到拉萨

02 地理与气候

地理	沿川藏公路进藏，进藏途中从东到西依次翻过二郎山、雀儿山、色季拉山等14座海拔在4000米以上的险峻高山，跨越大渡河、金沙江、怒江、澜沧江等汹涌湍急的江河，路途艰辛且多危险，但一路景色壮丽，有雪山、原始森林、草原、冰川、峡谷和大江大河
气候	川藏公路沿线主要属青藏高原气候，随高差呈明显的垂直分布姿态，其特点是气温低、冬季长、降水少、日照足

03 民族与节庆

民族	川藏公路沿线有彝族、藏族、羌族等多个民族，主体民族为藏族。游客注意尊重当地民族风俗，以免产生不必要的冲突

第7章 川藏线玩全攻略

续表

节庆	川藏公路沿线的节日有：康巴狂欢节、康定情歌节、嘉绒藏族风情节、藏历新年、赛马会、甘孜迎秋节、"八一"国际赛马节、燃灯节等

04 川藏线特色文化

四月八跑马山转山会为藏族传统节日，流行于甘孜等藏族地区。届时，甘孜藏区远近群众身着民族服装汇集到跑马山上先进庙烧香，再转山祭神，祈求神灵保佑。

达人提示

转山后，藏民支起帐篷进行野餐，演藏戏，跳锅庄舞、弦子舞，骑手们还进行跑马射箭比赛。

05 旅游实用信息

防晒	川藏线地处高原，紫外线非常强。防晒霜防晒指数要在30ph以上，还要备有遮阳帽和太阳眼镜
衣物	川藏线昼夜温差大，即使是7、8月，也要带足衣物
药品	因为川藏线上大部分景点都位于高海拔地区，去旅游时要预防高原反应的发生，最好备有抗高原反应药品：红景天(提前一周服用，抗高原反应)、百服宁、芬必得酚咖片(有助于控制高原反应引起的头痛)、速效救心丸(高原反应紧急发作时服用，有助于缓解高原反应)、维生素等
最佳旅游季节	川藏线位于川西北的高山高原区，冬季漫长而且寒冷，夏季多雨雾等灾害天气，因此川藏线自驾游春秋两季比较适宜

川藏线攻略：交通

　　川藏线是自驾游的天堂。总的来说317、318国道及连接各县市的省道，一般型号的车都可以应付，但进入大山深处就非越野车不可了。但317、318国道上的风景就已经够美了，堪称"西部画廊"，如果还想深入，可以在当地县城宾馆停车，再包车前往。

　　如果有租车的需要，最好在成都就租好，康定基本上没有选择，其他县城就更不用说了。出发前尽量查好路况，高原地区人烟稀少且气候较恶劣，如果没有充分准备，会给旅途带来很大的不便。

川藏线攻略：饮食

　　来到藏区，即使你不习惯酥油的味道也不必担心，因为这里到处都可以看到川菜馆，大一点的城镇甚至有北方面馆、东北菜馆乃至印度风味的咖喱饭。

　　随着高压锅等电器的出现，糌粑也不再为藏区的第一主食，越来越多的康区人家选择了白面制品而不是青稞制品。康区藏区又喜食酸菜，因而，添加了牦牛肉的酸菜面块或面片是康式面点最经典的选择。

01 牛肉面

四川牛肉面分以牛腩为主料的牛肉面和以牛臀尖肉为主料的麻辣牛肉面。藏区的酸菜面块，口味也很独特。

达人提示

如果一碗牛肉面不够充饥，这里盛产的干牛肉，可以作为野外充饥佳品。回程时，还可带一些赠送亲友。

第7章　川藏线玩全攻略

02　鲁朗石锅鸡

鲁朗林海风光秀丽，绝对是川藏线上的一道风景，而鲁朗石锅鸡是该地一道风味美食，堪称人间美味。

达人提示

鲁朗石锅鸡是选用当地土鸡，在石锅内加入雪山上流下的溪水，再配以人参、藏贝母、百合、枸杞等药材清炖而成。

03　酸奶子

在康定和塔公等地，街上很多地方出售"酸奶子"，其实就是牦牛奶制成的酸奶，香甜可口，甜食爱好者不要错过哦。

达人提示

在牧区，几乎每户都养有牦牛，所以该地区牦牛奶制品很多，奶酪、酥油茶及酸奶等都是绿色食品，喜欢奶品的游客定可一饱口福。

川藏线攻略：住宿

　　川藏线上各式旅馆都有，比较大的风景区周围有星级酒店，可以让游客在旅途劳累中好好放松一下。供自助游游客入住的青年宾馆和家庭旅馆一般都能提供热水，条件也还不错。川藏南线的康定、海螺沟、理塘及稻城等地区，旅游资源丰富，也有比较好的住宿点。川藏北线则有四姑娘山、丹巴、甘孜、马尼干戈、德格、白玉、石渠及色达等旅游热门目的地，这些地方既可成为观光点，也是比较便捷、选择余地较大的住宿点。

川藏北线热门酒店推荐如下。

01 卡萨饭店

卡萨饭店是甘孜县目前规模最大的饭店之一，分为两部分：酒店部分全为标间，设施新颖干净；饭店部分则是干净的普通床位。

亲历记忆

入住卡萨饭店感觉还不错，最让我满意的是，酒店拥有甘孜县唯一发往色达和色达五明佛学院的班车。

02 丹巴公寓

丹巴公寓位于丹巴县城中心，是家庭厅室结构的旅馆，带厕所的标间约60元/人，不带厕所的也很方便，价格更加优惠。

亲历记忆

这个酒店是没有大堂的公寓型酒店，老板人很好，一走进去弥漫着家的氛围。酒店离步行街很近，正好买到了我急需的东西。

第7章 川藏线玩全攻略

03 嘉绒大酒店

嘉绒大酒店是位于四姑娘山景区内的四星级宾馆。该酒店规模较大，为标准型连锁酒店，客房内设有独立中央空调，很方便。

亲历记忆

如果不是和爸妈一起旅行，我会选择入住长坪沟口的民宿，价格优惠，条件也还不错。如果是春秋季旅行的话，不会有太多的不便。

川藏线攻略：购物

川藏线历经甘孜州大部分地区，而且到达康定后即进入了藏区，所以川藏线上的特产除了生产于甘孜境内的各色珍贵药材、野生菌类及干制牦牛肉外，还有很多富有民族特色的商品，这些都是很好的旅游纪念品，可供游客挑选。

到达色达后，便有来自西藏的天珠、唐卡、藏刀及面具等深受游客喜爱的纪念品购买。

川藏线特产推荐如下。

01 天珠

天珠种类很多，一般集市上都有卖，脖子上戴的、手腕上配的、耳朵上挂的、腰上插的应有尽有。

达人提示

天珠又称"天眼珠"，主要产地在西藏等喜马拉雅山域，是一种稀有宝石。西藏人至今仍认为天珠是天降石。天珠的藏语发音是"思怡"，为美好、威德、财富之意。

02 面具

西藏的面具是从宗教里派生出来的一种工艺品，藏语称为"巴"，一般分为"跳神面具"、"悬挂面具"和"藏戏面具"3种。

达人提示

西藏面具主要用于各种民间表演活动，它与人们的日常生活、劳动、娱乐有着直接的关系，遍及西藏各地。由于地域的差异、用途的不同，西藏面具具有对比强烈、形式各异的特点。

第7章　川藏线玩全攻略

03 藏毯

　　藏毯是西藏的传统手工艺品，著名的有江孜地毯。其中用牦牛绒毛线和羊毛线合织的藏毯，图案较鲜艳复杂，质地十分轻柔。而用绵羊细毛线编织而成的藏毯，式样则较简单，颜色素淡。

达人提示

　　"卡垫"也是藏毯的一种，是用帆布或牛皮装着獐子毛、青稞秆等制成，质地结实。

川藏线攻略：游玩

川藏线称得上是真正的"大环线完美游"，这条"西部画廊"几乎包含了中国西部所有最美的景观。南北两线都是欣赏甘孜风光的绝美路段，其中川藏北线从成都出发北上在映秀镇往西，穿过卧龙自然保护区，翻越终年云雾缭绕的巴郎山，经小金县，抵丹巴。进入甘孜后，经道孚、炉霍、甘孜、德格过岗嘎金沙江大桥入藏，再经江达、昌都、类乌齐、巴青、索县、那曲至拉萨。相对南线而言，北线所经过的地区多为牧区(如那曲地区)，海拔更高，人口更为稀少，景色更为原始壮丽。

川藏线热门景点推荐如下。

01 四姑娘山

四姑娘山以雄峻挺拔闻名，山体陡峭，直指蓝天，冰雪覆盖，银光照人。从日隆骑马在长坪沟北上约20公里，即可抵达四姑娘山脚下。攀登Ⅰ、Ⅱ、Ⅲ姑娘山，可在日隆海子沟东北上行。如果要攀登四姑娘山的东坡，则需跨过或绕过陡峻的山脊。

玩全攻略

地址 位于阿坝州小金县。
路线 可在成都茶店子车站搭开往小金、丹巴的车。
门票 旺季双桥沟80元，长坪沟70元，海子沟60元。
最美看点 双桥沟、长坪沟及海子沟等。

摄影指导

近距离拍摄野果，能增加视觉冲击力，展现画面细腻可感的氛围。

第 7 章　川藏线玩全攻略

02　梭坡古碉

玩全攻略

地址　位于甘孜州丹巴县。
路线　包车前往梭坡约10元/人，去中路约60元。
门票　20元。

达人提示

古碉是嘉绒地区藏民族先民们的建筑杰作，具有悠久的历史。丹巴县有"千碉之国"的美誉，在大小金川及大渡河上游两岸的村寨、山脊和要隘处耸立着无数的古碉建筑。据资料介绍，鼎盛期的丹巴碉楼不下3000座，一个大的村寨就有百余座。

传说很久以前，丹巴境内妖魔横行，民不聊生。国王召集大臣和匠人商议对策，决定修建高约2丈的四角形碉房，抵挡妖魔。碉的发展使国富民安，于是国王下诏凡是有男孩的家庭必须修一座碉楼。这一举措逐渐延续下来，形成了今天的"千碉之国"。在众多碉楼群落中，尤以梭坡乡(84座)、中路乡(21座)和蒲角顶古碉群(29座)的碉楼群最具特色。

03　德格印经院

在四川省西北部的德格，有座佛教萨迦派的寺庙更庆寺，更庆寺内有个印经院即德格印经院。印经院由德格四十二世土司创建，始建于清雍正七年(公元1729年)，至今已有260多年的历史。印经院构造独特，幽静壮观，靠大门一侧为一楼一底，正房则为二楼、三楼，系典型的藏式建筑风格。

摄影指导

神圣的走廊一路延伸至远方，画面简约而不乏美感，且展现了宏大的气势。

四川·九寨沟玩全攻略（图文全彩版）

玩全攻略

地址 位于甘孜州德格县。
路线 康定到德格的车每天清晨一班，车程为2天。
门票 25元。
最美看点 藏式建筑及宗教风情等。

04 甲居藏寨

甲居，藏语的本意是指"百户人家"。甲居藏寨距丹巴县城约8公里，犹如田园牧歌般的童话世界，享有"藏区童话世界"的美称。甲居藏寨面积约5平方公里，居住着嘉绒藏族140余户人家，藏寨从大金河谷层层叠叠向上攀援，一直伸延到卡帕玛群峰脚下。

摄影指导

远距离拍摄隐藏在树丛之中的藏寨，可展现全景，使画面更宽阔辽远。

玩全攻略

地址 位于甘孜州丹巴县。
路线 可从县城搭出租车前往，约20分钟车程。
门票 门票30元，到民居参观每户2元。
最美看点 藏寨风光及藏族风情等。

第7章 川藏线玩全攻略

05 美人谷

玩全攻略

地址 位于甘孜州丹巴县。
路线 从丹巴包车前往，来回车资约100元。
门票 免费。

丹巴美人谷位于丹巴县城约26公里的巴底乡，再往山谷上行10多公里的位置，就到了邛山村中，邛山村由无数漂亮的藏寨相连而成，整个山谷非常漂亮。在丹巴，无论你走到哪里，都可能遇上漂亮的女孩，不过美人谷的漂亮女孩尤其多。相传，许多年前，一只凤凰飞到了墨尔多山，随后化成千千万万美丽迷人的美女，于是墨尔多神山下便成了美女如云的地方。

达人提示

丹巴出美女始于汉代的东女国时期。每年农作物收获的时节，丹巴各村各寨都要举行盛大的选美和祭祀活动。据史书记载，西夏王朝灭亡之时，大批皇亲国戚、后宫嫔妃从遥远的宁夏逃到气候温和、山美水秀的丹巴。

06 甘孜寺

甘孜寺坐落在甘孜县城边的山坡上，建筑风格属藏、汉结合。寺庙系格鲁派，已经有339年的历史，"文革"时被毁，1980年前后重建。甘孜寺大殿共分四层：一层为大经堂，二层为护法神殿，三层为强巴佛殿，四层供奉着由印度请来的觉卧仁泊切。甘孜寺有僧众400多人，大殿周围建有众多僧舍，气势慑人。

四川·九寨沟玩全攻略（图文全彩版）

玩全攻略

地址 位于甘孜州甘孜县。
路线 在城内搭出租车前往约20元。
门票 免费。
最美看点 甘孜寺及周围僧舍等景观。

摄影指导

离甘孜寺不远，即为川藏线上的最高点雀儿山，那里又是旅程的一个标志点。

07 阿须草原

阿须草原是格萨尔王出生成长并征战一生的主要地区，阿须草原上随处都有格萨尔王的印迹，并流传着许多有关格萨尔王脍炙人口的传奇故事，英雄史诗《格萨尔王传》就诞生于此。距离阿须草原不远的竹庆寺庙，是格萨尔藏戏的发祥地。

摄影指导

利用虚实效果表现阿须草原上盛开的野花，花朵与背景形成鲜明对比。

玩全攻略

地址 位于甘孜州德格县。
路线 可在马尼干戈包车或搭便车前往。
门票 免费。
最美看点 草原风光、格萨尔王纪念馆及雪山景观等。

第7章　川藏线玩全攻略

08 马尼干戈

玩全攻略

地址 位于甘孜州白玉县境内。
路线 从德格搭开往康定的车可达。
门票 景点才要票。

达人提示

马尼干戈到处都是小牛犊般大小的藏獒，它们悠闲地在大街上走动，叫声低沉浑厚。见到没有拴的狗时，你不要害怕，这些狗再大也不会咬人，但是，那些拴起来的狗，再小也不要去招惹。小镇是一个很安全的地方，当地藏族人很友好，甚至会邀你到家中做客。

马尼干戈是一座神秘而凄美的西部小镇，从古到今都是一个驿站，一条街道，几排藏式平房。小镇上来往的行人都是典型的康巴人，他们头系红头绳，身佩长长的藏刀。

还有更多的是骑马来小镇上的牧民，像许多西部电影中的情节，他们将马系在专门立的木柱上，便在矮小的藏式木屋采购东西、喝酒、唱歌，生动而亲切。

09 松格玛尼石经城

松格玛尼石经城，坐北朝南，呈长方形，东西长73米，南北宽47米，外墙高10米，城中心主体部分最高处为15米。它是一座完全用刻满佛教经文、六字真言以及佛像的玛尼石块垒砌起来的玛尼石经城，以其独特的佛教坛城造型和穿越时空的千年历史形象符号直观地传达着关于信仰的艺术。

玩全攻略

- **地址** 位于甘孜州石渠境内。
- **路线** 较为偏远，需包车前往，或租吉普车前往。
- **门票** 免费。
- **最美看点** 草原风光、玛尼石经城及藏教习俗等。

摄影指导

利用光线明暗，使逆光的阴影成为背景，突出顺光下的画面。

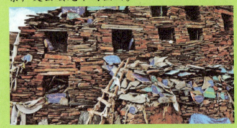

10 色达喇荣五明佛学院

距色达县城20余公里处，有一条山沟叫喇荣沟，顺沟上行数里，就是举世闻名的喇荣寺五明佛学院，也称色达佛学院。色达佛学院是世界上最大的藏传佛学院之一。这里连绵数公里的山谷上布满了密密麻麻的僧舍，十分壮观，谷底和山梁上分布着几座寺庙和佛堂，装饰考究而辉煌。在佛学院最高的山峰上，有一个金碧辉煌的建筑，叫做"坛城"，平时是人们转经的场所。

玩全攻略

- **地址** 位于甘孜州色达境内。
- **路线** 可从色达镇上租车前往。
- **门票** 免费。
- **最美看点** 壮观的僧舍建筑群。

达人提示

"坛城"上半部分是转经的地方，据说如果你有什么疾病，在这里转上100圈就会好。

摄影指导

使用特写的方式拍摄景点可以更加突出景点的细节魅力，增强视觉冲击力。

凉山

第 8 章

凉山玩全攻略

凉山必游：三景
凉山印象：解读
凉山攻略：交通
凉山攻略：饮食
凉山攻略：住宿
凉山攻略：购物
凉山攻略：游玩

凉山必游：三景

凉山是一个美丽而神秘的地方，是四川省发展旅游业的重要基地。高科技卫星发射基地、浩瀚的邛海、青幽的泸山、神奇的土林、神秘的泸沽湖、秀丽的螺髻山、幽深的马湖以及普格的温泉瀑布、美姑县的大风顶熊猫自然保护区、甘洛的"魔沟"等景观让人心旷神怡。

01 西昌卫星发射基地

西昌卫星发射中心始建于1970年，于1982年交付使用，1984年1月发射中国第一颗通信卫星。中心由总部、发射场、通信总站、指挥控制中心和3个跟踪测量站，以及一些相关的生活保障单位组成。

达人提示

发射场的坐标位置为东经102度、北纬28.2度。发射中心主要担负地球同步轨道卫星发射的组织指挥等任务。

02 螺髻山

螺髻山位于凉山州首府西昌市城南30公里处，跨西昌市、普格县、德昌县一市两县，螺髻山是凉山州国家4A级风景区螺髻山-泸山-邛海风景区的组成部分。2002年5月，四川邛海－螺髻山风景名胜区经国务院批准列入第四批国家级风景名胜区名单。螺髻山之名来源于与峨眉山的"姊妹"关系，"峨眉山似女人蚕蛾之眉，螺髻山似少女头上青螺状之发髻"。

达人提示

螺髻山总面积2400平方公里，其中主要景区面积为1083平方公里，主峰海拔4359米。

第 8 章　凉山玩全攻略

03　邛海

　　邛海，位于四川省凉山彝族自治州西昌市，古称邛池，属更新世早期断陷湖，至今约180万年，是四川省第二大淡水湖，距市中心7公里，卧于泸山东北麓、螺髻山北侧，山光云影，一碧千顷，是四川省十大风景名胜区之一。

凉山印象：解读

　　凉山彝族自治州，是我国最大的彝族聚居区，位于四川省西南部川滇交界处，辖区面积6万余平方公里，总人口为473.04万人。首府西昌市位于成昆铁路中段，自古以来就是通往云南和东南亚的"南方丝绸之路"的重镇。凉山州平均气温17℃，可同春城昆明(平均气温14℃)媲美，享有"万紫千红花不谢，冬暖夏凉四时春"之誉。

01 历史与区划

历史	凉山自古以来就是通往祖国西南边陲的重要通道，是古代"南方丝绸之路"的必经之地。西汉司马迁、蜀汉诸葛亮、元世祖忽必烈、著名旅行家徐霞客、马可·波罗等都曾有凉山游历、活动的记载。1935年，中国工农红军长征北上时，在会理举行了永垂青史的会理会议，并在冕宁与当地彝族首领歃血为盟。现在的凉山州是1978年经国务院批准，由原西昌地区和原凉山州合并而成
区划	凉山彝族自治州现辖西昌、德昌、会理、会东、宁南、普格、布拖、昭觉、金阳、雷波、美姑、甘洛、越西、喜德、冕宁、盐源及木里藏族自治县等17个县市，616个乡镇

02 地理与气候

地理	凉山彝族自治州地貌复杂多样，地势西北高，东南低。高山、深谷、平原、盆地及丘陵相互交错，有海拔最高为5958米的木里县恰朗多吉峰，最低的雷波县大岩洞金沙江谷底305米，相对高差为5653米
气候	凉山州平均海拔1500米，冬无严寒，夏无酷暑。首府西昌因海拔较高，天空洁净清朗，月亮晶莹皎洁，素有"月城"之雅称，也是举世闻名的中国航天城

第 8 章　凉山玩全攻略

03　民族与节庆

民族	凉山州现在有彝族、藏族、羌族、苗族、回族、蒙古族、土家族、傈僳族、满族、瑶族、侗族、纳西族、布依族、白族、壮族、傣族等民族分布。凉山是全国最大的彝族聚居区以及四川省民族类别最多、少数民族人口最多的地区。2009年全州总人口为473.04万人，其中彝族231.07万人，占总人口的48.85%；汉族为225.55万人，占总人口的47.68%；藏、回、蒙古等民族共占3.47%
节庆	凉山的节日有：彝族的"火把节"、回族的"古尔邦节"、傈僳族的"牛王会"和布依族的"六月六"等

04　凉山特色文化

毕摩是彝语音译，"毕"为"念经"之意，"摩"意为"有知识的长者"，"毕摩"指专门替人礼赞、祈祷、祭祀的人，类似于祭司。彝族民众认为毕摩是"智者"，他们识古彝文，掌握和通晓彝文典籍，通过念诵经文等形式和神、鬼沟通，充当人们与鬼神之间、祖先之间的矛盾调和者，并通过象征性极强的祭祀、巫术等行为方式处理人与鬼怪神灵的关系，以求得人丁安康、五谷丰登、六畜兴旺。

05　旅游实用信息

衣物	凉山州气温相对较温和，除去西北地区要带厚外套外，带足一般衣物即可
药品	一般药品如维生素、创可贴、红花油、纱布、胶布、感冒灵、黄连素、胃药、眼药水等必备。去西部高原地区最好带上晕车药、红景天等药品
最佳旅游季节	凉山州整体气候温和，四季皆适宜旅游

凉山攻略：交通

01 航空

　　西昌青山机场，即中国民航四川西昌站，位于凉山州西昌市区西北的安宁镇青山嘴，现仅开通了由国航西南航空公司和四川航空直飞的西昌至成都的航空，飞行距离不足400公里，飞行时间约1小时。西昌市内的航空售票处，位于市区长安东路和胜利南路的交汇处。

　　西昌青山机场(安宁镇)的联系电话：0834-2586178。

　　西昌民航站售票处的电话：0834-6101737、0834-6101319。

02 火车

　　成都至昆明的铁路线由北至南纵贯凉山彝族自治州，在凉山州内共形成了6个较大的火车站，分别是月华站、礼州站、西昌北站、西昌站、黄联关站和黄水塘站。其中西昌北站位于西昌青山机场所在的安宁镇，而西昌站则位于西昌市区西部的郑家堡。

　　由西昌沿成昆线可至成都、重庆、西安、北京西，及攀枝花、昆明等地。

　　西昌火车站的市内售票点位于长安路和胜利路十字路口的西北方。

03 客车

　　凉山州联系外部的主要交通干线是G108国道(即川滇公路)，州内交通则主要围绕S103、S107、S208等近10条省道。

　　在凉山州府所在的西昌市区内有西昌客运中心站和西昌客运东站两个汽车站，其中西昌客运中心位于市区产干东路，主要以发往成都、昆明及周边地市的客运班次为主，有个别班次开往凉山州的其他县区；而客运东站则全是开往凉山州内各县的班车。

　　西昌汽车客运总站的联系电话：0834-3222784。

第8章 凉山玩全攻略

04 区内交通

西昌市区内有公交车线路十余条，票价1元，其中6路和11路可至西昌火车站。凉山彝族自治州州府西昌市区内的出租车起步价为3元，夜间4元。

凉山攻略：饮食

四川人很讲究吃，且风味美食颇多，凉山人也不例外。在西昌就有很多独特的街边小馆，店面毫不起眼，甚至小而破旧，不是当地人很难发现。凉山州是彝族聚居地，很多彝族风味的美食也被到过凉州的游客津津乐道，凉山彝族的"坨坨肉"、酸菜汤、冕宁火腿、素烧大脚菇、牛肉豆腐脑、烫皮蒸饺即为其中的人气佳品。同时，由于凉山生态环境的优越，菌类产品种类繁多，诸如鸡土从、牛肝菌、青杠菌等也很美味。

01 坨坨肉

彝族风味菜射觉策普，意为"撒盐的肉块"。由于这种吃法是将肉切成块状煮食，而四川汉语方言称"块"为"砣"，因而也名"砣砣肉"。

达人提示

"坨坨肉"一般用牛肉、羊肉、猪肉、鸡肉或野兽肉等制成，其中最常用的是羊肉和猪肉，味道鲜美。

02 烤小猪

仔猪肉嫩而不绵，香而不腻。彝族同胞认为，尚未发育成熟的仔猪是最圣洁的，用圣洁的仔猪待客表示对客人的尊重。

达人提示

烤小猪是将仔猪宰杀后放置火上一边烤一边把毛皮刮除干净，烤黄洗净后开膛，再将肉切成小块煮熟，拌入佐料食用。

03 猪肠血米

泸沽湖畔的纳日人杀猪后在猪的大小肠内装上半熟米、血、盐、猪油、花椒、五香等混合物，卷成圈后再煮熟，以此赠送家族亲朋。

达人提示

猪肠血米也可装荞麦、燕麦等食物，食用时切成片，或用猪油炸后，下酒下苦茶，味道更鲜美。

第8章 凉山玩全攻略

凉山攻略：住宿

凉山州旅游资源很丰富，景区住宿条件也不错。西昌不管是市区还是琼海边上，都能找到各种档次的宾馆。市区有不少中高档的商务宾馆，一般冠以明宾馆字样，价格在100元左右，通常可以免费打长途。灵山寺内有客栈，价格便宜，人均20～30元不等，冕宁县城内有很多普通旅店及招待所。而泸沽湖的住宿主要有3种：家庭旅馆一般不带卫生间；宾馆式的标间在50～80元之间，如海景宾馆；第三种是青年旅馆和特色客栈，布置比较有品位。如果到凉山州比较偏远的山区旅游，可以借宿乡民家中，而一些学校的教室和办公室也可成为临时住宿点。

凉山热门酒店推荐如下。

01 清音山馆

清音宾馆位于邛海公园月色风情小镇内，标间100元，单间80元，可看到邛海海景和泸山风光。节假日价位会有所上涨。

亲历记忆

在网上查询了很多家旅店才入住这里的，听说这里可以看到邛海风光，且是平价旅馆。这里环境真的不错。

02 天鹅湖宾馆

天鹅湖宾馆位于木里县城车站向扎昌街方向约100米处。带卫生间的普标约60元，房间内有大床、圆桌及窗帘等，有点儿家的味道。

亲历记忆

在木里寺住宿不是难题，木里寺内也有寺院开办的宾馆，而我们去比较偏远的山区时，是借住的学校会议室。

四川·九寨沟玩全攻略（图文全彩版）

03 邛海宾馆

邛海宾馆为西昌著名的奢侈型酒店，被称为"凉山州国宾馆"，宾馆占地面积相当大，而且可以欣赏到很好的邛海风光。标间580元左右。

亲历记忆

酒店的位置不错，距离大海非常近，在这里可以欣赏到美丽的海边风光。我住的房间还可以站在客房内沐浴阳光，十分享受。

凉山攻略：购物

凉山系列山珍、松茸、虫草、圆根酸菜、燕源苹果干、建昌板鸭、卫星基地火箭模型等在各大超市都有出售，西昌较大的超市有达达购物广场、家佳超市、五交化超市及银河超市等。

凉山州为少数民族聚居地，很多景区也有各民族的民族商品出售，如木里县城的藏族风情就是县城专营藏族饰品的商店，出售有藏族风格的金银首饰和藏刀、陶器、民族服饰等。而美姑县的美姑特卖专营则出售彝族漆器、银器、苦荞茶及衣服等，价格相对于西昌来说要贵一些。

凉山特产推荐如下。

01 松茸

松茸学名松口蘑，别名大花菌、剥皮菌，纳西语称"裕茂萝"，有鲜货和盐渍两种。凉山很多超市有卖。

达人提示

松茸富含粗蛋白、粗脂肪、粗纤维以及维生素B1、B2等元素，不但味道鲜美，而且还具有益肠胃、理气化痰、驱虫及对糖尿病有独特疗效等功能。

02 苦荞茶

苦荞茶是将苦荞麦的种子经过筛选、烘烤等工序加工而成的冲饮品。苦荞学名鞑靼荞麦，分为普通苦荞和黑苦荞。黑苦荞即珍珠黑苦荞，有"黑珍珠"之称，外壳呈深黑色，营养价值极高。

达人提示

苦荞麦喜凉爽,耐瘠薄,多生长在高寒山区,籽粒供食用。目前大多学者认同苦荞发源于中国,产地主要为四川、云南、贵州和山西。

03 彝族服饰

历史上,由于彝族支系众多,居住分散,因此各地服饰区别明显,样式各异,带有浓厚的地域色彩。凉山不少地区四季冷凉,察尔瓦(披衫)常年皆着。

达人提示

凉山彝族的服饰多姿多彩,风格独具。彝族服饰精致的花边和刺绣更是光彩夺目。

凉山攻略：游玩

凉山州是一个旅游资源丰富且具民族风韵的地方。邛海、泸沽湖、彝海等自然风光享誉全国。昭觉的博石瓦黑古岩刻画、木里大寺、彝海结盟遗址及全国独一无二的凉山奴隶社会博物馆等人文景观则令人神往。泸沽湖摩梭人的走婚制、彝族传统的"火把节"以及独具特色的祭事盛典、婚丧嫁娶、民族服饰、民间歌舞等民族风情又使人大开眼界、流连忘返。

来凉山旅游，可以体会到独具彝族风情的另一个世界，肯定不会让你失望。

凉山热门景点推荐如下。

01 西昌卫星发射基地

西昌卫星发射中心，又称"西昌卫星城"，始建于1970年，隶属于中国人民解放军总装备部，是中国目前对外开放中规模最大、设备技术最先进、承揽外星发射任务最多、具备发射多型号卫星能力的新型航天器发射场。近50颗国内外卫星从这里送入太空。

摄影指导

拍摄雕像时，可选择水景做陪衬，以特殊的构图形式形成远近感。

玩全攻略

地址 位于四川省凉山州西昌市西北。
时间 周一至周日(全天开放)。
门票 168元，优惠价78元。
最美看点 卫星发射场。

02 螺髻山

玩全攻略

地址 位于凉山州西昌市城南。
门票 50元，索道往返140元，单程上100元，下70元，16:30停止下山。

螺髻山千峰叠翠，万派环宋，山势雄奇，胜境遍布，是得天独厚的自然风景区。远望时烟霏林箐，岚光幻彩，苍蔼凌虚，高下混茫，有朝观暮开之感；近察则杂树生花，杜鹃似海，纷红似落，俪白参黄，呈争辉竞艳之趣。山间溶洞奇险，岩穴深幽，丹岩翠，石峰峭立，有亮如明珠、号称天池的各色海子——五彩湖，也有气势磅礴、飞流直泻的温泉瀑布。

达人提示

螺髻山是我国已知山地中罕见的保持完整的第四纪古冰川天然博物馆。具有古冰川遗迹中的角峰、刃脊、围谷、冰斗、冰蚀洼地、冰蚀冰碛湖、冰坎、冰阶、冰溜面、冰川刻槽、羊背石、盘谷、冰原石山、侧碛垄等古冰川风貌，有很高的旅游、探险及科考等价值。

03 邛海

邛海，古称邛池，属更新世早期断陷湖，至今约180万年。其形状如蜗牛，南北长11.5公里，东西宽5.5公里，周长35公里，水域面积31平方公里，湖水平均深14米，最深处34米，集水面积约30平方公里。2002年，邛海－螺髻山风景名胜区被列入第四批国家级风景名胜区名单。

摄影指导

神圣的走廊一路延伸至远方，画面简约而不乏美感，且展现了宏大的气势。

第8章　凉山玩全攻略

玩全攻略

- **地址** 位于凉山州西昌市。
- **路线** 西昌火车站坐6路到名店街下，转14路可达。
- **门票** 免费。
- **最美看点** 邛海公园、邛海风情园等。

04 泸沽湖

泸沽湖素有"高原明珠"之称。湖水透明度高达11米。湖中各岛形态各异，翠绿如画，水天一色，加上藻花点缀其间，缓缓滑行于碧波之上的猪槽船和徐徐飘浮于水天之间的靡梭民歌，使其更增添几分古朴、几分宁静，是一个远离尘世、未被污染的处女湖。

摄影指导

利用船的轮廓和阴影，使水景有了文化气息。

玩全攻略

- **地址** 位于凉山州盐源县泸沽湖景区。
- **路线** 分四川和云南两个入口，可徒步进入泸沽湖。
- **门票** 80元。
- **最美看点** 泸沽湖风光及摩梭文化等。

05 会理古城

玩全攻略

地址 位于凉山州会理县。
路线 成都城北客运站有发往金口河的班车,一天一趟。
门票 免费。

会理古城位于凉山州南部,总面积4500平方公里,总人口40多万人,是一座有2000多年历史的文化古城,现为省级文化名城。县城四面环山,气候温和,四季如春,素有"小春城"之美称。主要景点有钟鼓楼、景庄庙、赢洲公园、武侯祠、红军长征陈列馆、碑林及文塔等。其中钟鼓楼雕梁画栋,朱柱挺拔,镂空雕花,做工精细,造型优美,十分壮观。

达人提示

会理是著名的石榴生产基地,在每年的八九月间,一年一度的会理国际石榴节在这里举行。夏末秋初,川南宜人的气候也非常适合旅行,会理浓重的古镇气息一定会将你深深地吸引,让你觉得不虚此行。

06 彝海

彝海又称鱼海,当地彝民叫苏品。彝海属高山淡水湖泊,湖面海拔2280米,气候温凉,年平均气温为9~15℃,四季多为丽日晴空。彝海终年碧波粼粼,清澈如镜,整体景观生机盎然。"彝海结盟"的历史故事就发生在这里,湖边的彝海纪念馆、纪念碑,向人们展示中国工农红军长征的历史篇章。

第8章 凉山玩全攻略

玩全攻略

地址 位于凉山州冕宁县城以北40公里的羊坪山上。
路线 可从冕宁乘公共汽车到彝海乡，再租车或步行前往。
门票 5元。
最美看点 彝海景光及灵山寺等。

摄影指导

彝海景观很美，而位于彝海周边的灵山寺也值得拍摄。

07 木里寺

木里寺为藏传佛教格鲁派寺院。这个距今约300年的古建筑，有无数的历史故事，游历其间，恍如又回到了20世纪20年代末。美国人洛克曾在其书中对木里大寺进行了描写，从1925年开始，洛克3次来这里晋见当时的木里土司，继而写下《木里：中国黄教喇嘛王国》一书，从而使该寺声名远扬，吸引了大批的游客。

四川·九寨沟玩全攻略（图文全彩版）

玩全攻略

地址 位于凉山州木里藏族自治县。
路线 从木里县城坐到瓦厂镇的班车。
最佳时间 四季皆宜。
最美看点 古建筑及当地风情等。

摄影指导

拍摄古建筑时，不一定要从侧面拍摄，也可以尝试正面拍摄，采用对称式构图，拍摄的建筑稳定感加强，而且略带安静祥和的氛围。

达人提示

木里寺前身为一个小经堂。有前、后两座大殿，一座小殿及数百间僧房，占地约8万平方米，由大喇嘛松登桑波始建。

川东北

第 9 章

川东北玩全攻略

川东北必游：三景
川东北印象：解读
川东北攻略：交通
川东北攻略：饮食
川东北攻略：住宿
川东北攻略：购物
川东北攻略：游玩

川东北必游：三景

川东北是四川省东北部的简称，它一般是指南充、遂宁、达州、广安、巴中、广元6个地级市，有时还包括盐亭县。川东北是四川省蜀文化的代表地域，境内有阆中古城、剑门古道等川蜀文化浓郁的名胜景区，还有邓小平故居、朱德故居等红色文化旅游资源，是四川旅游的又一个热点线路。

01 阆中古城

阆中古城位于四川盆地北缘、嘉陵江中游，已有2300多年的建城历史，一向是古代巴蜀军事重镇。阆中的建筑风格体现了我国古代居住风水观，是中国古代建城选址"天人合一"完备的典型范例。

达人提示

阆中气候适宜、物产丰富，汉为巴郡，隋时改称阆内县，宋以后称阆中，历代多为州、郡、府治所。

02 古蜀道

蜀道，即古代入川之路，因李白的"蜀道难，难于上青天"而闻名天下。广义上讲，蜀道包括几组不同的古道：穿越大巴山的金牛道、米仓道和荔枝道，穿越秦岭的子午道、陈仓道、褒斜道和傥骆道，以及穿越摩天岭的阴平道。而我们通常游览的是狭义的古蜀道：南起成都，过广汉、德阳、梓潼，越过大小剑山，经广元七盘关而出川穿越秦岭，出斜谷，直通八百里秦川，全长1000余公里。

达人提示

金牛道是古蜀道的主干，沿途景点包括古栈道、古驿道、三国古战场遗址和剑门关等。

第 9 章　川东北玩全攻略

03　邓小平故居

1904年8月22日，邓小平同志诞生在四川省广安县协兴镇牌坊村的一座普通农家三合院里。邓家老院子是一座坐东朝西的传统农家四合院，占地800余平方米，大小房屋17间，木斗平房，青瓦粉壁，古朴典雅。建筑具有典型的川东民居特色，充满浓郁的蜀乡风情。

川东北印象：解读

川东北是四川省东北部的简称，包括南充、遂宁、达州、广安、巴中及广元6个市。南充市系川东北中心城市，同时也是著名的历史文化名城、中国优秀旅游城市。建国初期南充市为川北行政署总部所在地。川东北交通较为发达，6个市都有高速公路或铁路通向其他地方，3个城市建有机场。

01 历史与区划

历史	川东北有绚烂的三国遗迹，在阆中，与张飞相关的遗迹很多，如通往剑阁的皇柏大道上有一颗千年古柏树，相传就是当年张飞栽下的
区划	川东北一般是指南充、遂宁、达州、广安、巴中、广元6个地级市，有时还包括盐亭县。南充市系川东北中心城市，建国初期为川北行政署总部所在地

02 地理与气候

地理	川中北是四川盆地中北部的简称，川东北和川中北的范围大体相当，前者相对于四川省，而后者相对于四川盆地
气候	川东北主要属于四川盆地，地形闭塞，气温高于同纬度其他地区。最冷月平均气温为5～8℃，较同纬度的上海、武汉高2～4℃，极端最低温为-6～-2℃

03 川东北特色文化

俗话说"巴出将，蜀出相"，而川东北大部分与今天的重庆市辖区同为巴国故里，因此显现出与成都平原不同的"耿直"气场。由于川东北与陕南、陇南相近，也使这里有了一些北方的感觉。

达人提示

战国初期，巴国溯江进入川东，始将巴国文化与巴地文化融合起来，形成了完整意义上的巴文化。

第 9 章 川东北玩全攻略

04 旅游实用信息

衣物	四川盆地夏天较热,冬季雨雪天气很少,只要有常备衣物即可
药品	一般药品如维生素、创可贴、红花油、纱布胶布、感冒灵、黄连素、胃药、眼药水等必备。晕车的朋友最好备有晕车药
最佳旅游季节	川东北地区气候较温和,四季皆适宜旅游

川东北攻略：交通

01 航空

川东北有3个城市修建了民用机场，分别是：南充高坪机场，开通城市(国内)有北京、上海、深圳和广州；达州河市机场，开通城市(国内)有广州、北京、深圳和成都；广元盘龙机场，开通城市(国内)有广州、北京、深圳、成都和九寨沟。

02 火车

川东北主要有以下线路经过：达成线(达州—成都)、兰渝线(兰州东—重庆)、兰渝支线(南充东—广安)、达万线(达州—万州)、宝成线(宝鸡—成都)、成西客运专线(成都—西安)、襄渝线(襄樊—重庆)、遂渝线(遂宁—重庆)、广达线(广元—达州)。其中兰渝线、兰渝支线在建。

03 客车

川东北地区有G212、G318、G210等3条国道经过，成都城北客运中心有发往南充、巴中、达州等地的客运车。另外，川东北与重庆相邻，国内旅客也可以先搭火车或客车到重庆，再转车至川东北。

04 区内交通

川东北几个城市内分别有公交车、出租车和旅游专线。其中南充市出租车起步价白天为4.5元，夜间为5.5元，公交车一般价格为1元，空调车价格为2元。

川东北攻略：饮食

川东北有独具特色的历史文化，这里不仅有正宗的川味特色，取材广泛、味重香浓，还将神秘的古蜀文化和浓郁的民俗风情孕育其中，可谓风格独具。尤以剑门豆腐最有特色，它不仅是美食佳肴，而且是历史的见证，是文化大餐。到剑门观光，不品尝剑门豆腐，绝对是一大遗憾。

同时在川东北，广元并不是以美食著称的地方，却有一些美食因与历史故事编造在一起而显得独具风韵，其中最有名的是女皇蒸凉面。女皇蒸凉面外表看起来和陕西凉皮有点类似，不同的是它是用大米做的，它与唐朝女皇有一段牵强的故事，据传这种凉面是湖广填四川时客家人带入四川的。广元街头凉面摊很多，有传统的冷凉面，也有独特较软的"热凉面"。

01 剑门豆腐

剑门豆腐有百种菜肴，著名的有菱角豆腐、怀胎豆腐、熊掌豆腐、雪花豆腐、麻辣豆腐等。剑门豆腐具有白嫩细腻、鲜香味美等特色。

达人提示

剑门豆腐是川北名优特食，历史悠久。剑门山区有姜维守剑阁时就地取材磨制豆腐犒赏官兵的传说。

02 女皇蒸凉面

女皇蒸凉面又叫"夫妻米凉面"，相传是武则天和她的情郎哥常剑峰共同研制的，是广元深受欢迎的一道美食。

达人提示

这种凉面耐嚼、爽口,吃法多样,最普通的吃法是碗内放凉面,加入各种调料,搅拌后有酸、甜、麻、辣、香5味,川味十足。

03 蓉城鸳鸯卷

蓉城鸳鸯卷是把猪肥膘肉切成片,和芦笋裹成条状,再沾上蛋清,裹上面包糠,炸制而成。此菜色泽金黄、外酥内嫩、咸甜兼具。

达人提示

蓉城芙蓉卷采用鸡蛋蛋白,脂肪含量丰实。又卷上淀粉食材,既可作为一道菜,也可作为饭后小吃。

川东北攻略：住宿

　　川东北的南充、遂宁、达州、广安、巴中、广元6市有嘉陵江、阆中古城、红四方面军总医院旧址群、大巴山、古蜀道及中国死海等著名景点，近年来这一区域旅游业也处于蓬勃发展的阶段，因此到川东北旅游住宿很方便。

　　如果到阆中旅游，除了黄金周，住宿从来都不成问题。古城内大大小小的客栈少则也有几十家，有名气的就有杜家客栈、秦家大院。客栈中有星级标准的价位较高，动辄就是160元起，而众多小院价格比较划算，一般在50元左右，青年旅馆的床位房在这里很少出现。

　　川东北热门酒店推荐如下。

01 天一青年旅舍

　　阆中天一青年旅舍位于古城大东街100号(风水馆内)，是阆中首个青年旅舍，旅舍内有20个房间，其中有5个以金、木、水、火、土取名的豪华房间，又为五行驿站。

亲历记忆

　　我住的是顶层的榻榻米房，很有特色。去旁边的风水馆听研究员讲风水，受益匪浅。

02 赛嘉快捷酒店

　　赛嘉快捷酒店位于南充市市中心、人民南路与大西街路口处，是一家商务酒店，单双标间都是110元起，比较划算。

亲历记忆

我去南充的时候是夏天，真正地感受了一回四川的酷暑难耐，不过住在这种商务酒店里还挺舒服，空调等生活设施一应俱全。

川东北攻略：购物

四川地区以美食名扬天下，川东北地区的特产中也有很多美食名品，阆中的张飞牛肉、西充脐橙、白糖蒸馍等都值得购买。同时，纺纱织布是阆中的传统工业。民国时期，阆中就已有多家棉织厂，土纺土织则遍布农村。阆中所织土布除内销外，还远销陕、甘、宁、青等省，人称保宁府布。

另外,广元的青川木耳、唐家河野生蜂蜜、核桃、苍溪猕猴桃、苍溪川明参及青川七佛贡茶等在川西北各大型超市都可以买到。

川东北特产推荐如下。

01 阆中张飞牛肉

张飞牛肉是四川阆中牛肉加工厂的传统美味之一,色、香、味俱佳,这种干牛肉早在40年代就获得了成都工业协会优质产品银奖。

达人提示

因肉干而不硬,润而不软,外黑内红,故称"张飞牛肉"。剖其横格,轻撕切面,如银丝松针相连,细细咀嚼,其味无穷。它曾获中商部优质产品奖及首届中国食品博览会铜奖。

02 西充脐橙

脐橙"青-39",为南充市西充县青龙园艺场培育的优良品种。该产品果大、色鲜、味甜、肉质脆嫩,美味无穷。

达人提示

单果重200多克,100毫升果汁中维C含量达56.5毫克。1977年四川省评选出5个脐橙特优单株,该产品名列首位。

川东北攻略：游玩

川东北很有三国风韵，其中阆中是"中国四大古城"(阆中、丽江、平遥、歙县)之一。阆中古城历史悠久，其天文文化、巴渝文化、三国文化、古城文化、古建筑文化、宗教文化和民俗文化丰富深厚，尽显了阆中的独特风范。而对于南充这座城市来说，张飞又是一个传达其历史神韵的灵魂人物，很多关于张飞英勇的传奇在这片土地上流传，走在阆中，也许你就会踏上张飞曾踏足过的土地。近年来，川陕甘渝三国文化旅游精品线路正式启动，相信阆中及川东北会让更多旅游爱好者熟知。

川东北热门景点推荐如下。

01 阆中古城

玩全攻略

地址	位于四川省阆中市。
门票	张桓侯祠40元，川北道贡院35元，华光楼15元，滕王阁10元。
最佳时间	四季皆宜。

达人提示

阆中被誉为四川最大的"风水古城"，保存较好，是中国四大古城之一，素有"阆苑仙境"、"巴蜀要冲"、"天下第一江山"、"阆中天下稀"、"世界千年古县"、"国际最佳旅游度假胜地"、"中国春节文化之乡"等美誉，是中国优秀旅游城市。

阆中保存下来的古街巷达61条之多，而古院落更是数以千计，城中会馆、庙宇、民居等古建筑保存较好，还有唐代观星台遗址、张飞庙、桓侯祠、巴巴寺、观音寺及白塔等，城东大佛山有唐代摩崖大佛及石刻题记等遗迹。悠久的历史、原汁原味的古城风貌，已成为我国古代建筑史上的一份珍贵文化遗产，被誉之为"巴蜀古建筑的实物宝库"。

第 9 章　川东北玩全攻略

02　古蜀道

古蜀道，从狭义上说，仅包括四川境内的路段，南起成都，北止于广元七盘关，全长约450公里。其中金牛道，又叫蜀栈，是古代川陕的交通干线，北起陕南勉县，南至四川巴中大剑关口。此道川北广元到陕南宁强一段十分险峻。诗人李白赞叹的"蜀道难，难于上青天"，就是指的这一段。

摄影指导

古蜀道上有很多栈道，又有很多古式建筑，再加上山峡风光，很适合拍摄。

玩全攻略

地址　位于四川北部广元、汉中等城市。
路线　可沿108国道向广元、汉中方向一段一段地走。
门票　因景点而异。
最美看点　剑门关、明月峡、昭化古城及翠云廊等。

03　邓小平故居

邓小平故居是经过了邓家祖辈三代人的努力方才建成。整个院子占地833.4平方米，共17间瓦房。北厢房是邓小平曾祖父邓心早所建，距今约200年；正房是他祖父邓克达所建，距今100多年；南厢房是他父母所建。新中国成立前邓小平祖辈三代就住在这里。

四川·九寨沟玩全攻略（图文全彩版）

玩全攻略

地址	位于四川省广安县。
路线	可从成都或重庆转车前往。
门票	免费，领票时间8:30—17:00。
最美看点	邓小平纪念公园。

摄影指导

侧面低角度拍摄铜像，更能展现其自然的神态。

04 凌云山

达人提示

凌云山风景区以凌云山道教城、白山佛教城、图山儒家文化中心为主体，方圆近20平方公里。自东汉明帝时起，道、儒、佛三家就竞相在此建宫造庙，"文革"前仍留存有规模宏大的宫殿、寺庙等，香火鼎盛绵长，盛极千年。

凌云山位于四川第一大二级城市南充市高坪区凌云山风景区，海拔562.6米。凌云山有左青龙、右白虎、前朱雀、后玄武之独特地貌，山势连绵，林木参天，具有"雄、奇、险、幽"四大特色。山顶凌云古刹始建于汉末，现存真武宫为清道光年间重建，有遇仙岭、降魔台、老君洞、老龙洞、望夫崖、舍身崖、将军坟等自然奇观，享有"果郡灵山"之美誉。

玩全攻略

地址	位于四川省南充市高坪区。
路线	从火车站坐19路车可直达凌云山森林公园。
门票	58元。

第 9 章　川东北玩全攻略

05 中国死海

中国死海是一个形成于1.5亿年前的地下古盐湖，其盐卤资源的储量十分丰富，由于其盐含量类似中东的"死海"，人在水中可以漂浮不沉，故誉为"中国死海"。海水出口水温达87℃，含盐量高达22%。据联合国教科文组织有关研究数据显示，人在死海中漂浮一小时，可以达到八小时睡眠的功效。

玩全攻略

地址　位于四川省遂宁市大英县。
路线　可从重庆北换乘到成都的城际列车经过遂宁。
门票　200元。
最美看点　中国死海旅游度假区。

摄影指导

从斜面拍摄中国死海，可展现更多的大门特征。

1 2 3 4 5 6 7

川东南

第 10 章

川东南玩全攻略

川东南必游：三景
川东南印象：解读
川东南攻略：交通
川东南攻略：饮食
川东南攻略：住宿
川东南攻略：购物
川东南攻略：游玩

川东南必游：三景

川东南有翠甲天下的蜀南竹海、神秘磅礴的恐龙化石、媲美云南路南石林的兴文石海，同时，自贡盐业博物馆、彩灯博物馆为你讲述一部独具特色的中国人文史。川东南的物产也不会让你失望，四川风味小吃携领各色美食，让你的旅途中也充满了味觉享受。

01 蜀南竹海

翠甲天下的蜀南竹海，位于四川南部的宜宾市境内，核心景区面积为44平方公里，景区内共有竹子58种，7万余亩，是我国最大的集山水、溶洞、湖泊、瀑布于一体，兼有历史悠久的人文景观的原始"绿竹公园"。

达人提示

蜀南竹海植被覆盖率高达87%，为我国空气负离子含量极高的天然氧吧。

02 恐龙博物馆

自贡恐龙博物馆修建在世界著名的恐龙化石产地——大山铺，距自贡市中区约11公里，占地面积101.33亩，是中国西南地区规模最大的博物馆，也是目前世界上拥有大规模恐龙化石埋藏遗址保存的、最具特色的专门遗址性博物馆。

自贡恐龙博物馆自1987年建成对外开放以来，以其独特的建筑、丰富的展品、壮观的埋藏、生动的陈列、优美的环境赢得了世人的青睐，迄今已接待观众500多万人次。

达人提示

自贡是中国西南地区一座极具特色的国家级历史文化名城，也是著名的"恐龙之乡"。

第10章　川东南玩全攻略

03 兴文石海

兴文石海世界地质公园，属四川盆南山地与云贵高原的过渡地带。公园内石灰岩广泛分布，特殊的地理位置、地质构造环境和气候环境条件形成了兴文式喀斯特地貌，是国内发现和研究天坑最早的地方。

川东南印象：解读

川东南是四川省东南部的简称，包括内江、自贡、宜宾及泸州4个地级市，这些城市各具特色：宜宾濒临长江，境内的蜀南竹海因一部《卧虎藏龙》令天下人艳羡；自贡是神秘的恐龙之乡，古代盐业、花灯制造业也久负盛名；而泸州以其泸州老窖独霸酒业一方。

01 历史与区划

历史	这一带曾是百越诸族的领地，尤其是骁勇的僰人，曾经占据了这里几千年，在与汉人的几次重大战斗后，突然不见了踪影，成为千年之谜，只剩下高高的悬棺，让游人仰视迷思
区划	川东南包括内江、自贡、宜宾及泸州4个地级市

02 地理与气候

地理	川东南位于川渝黔滇结合部、四川盆地南缘与云贵高原的过渡地带，地势北低南高
气候	川东南属中亚带湿润季风气候区的四川"盆南"气候类型，并有南亚热带气候属性。四季热量丰足，无霜期为347天，年平均气温约17.5℃

03 川东南特色文化

四川酒文化源远流长，"三星堆"见证其始于汉代。而川东南地区绝对可以成为川酒的代表区域。宜宾的五粮液、泸州的泸州老窖都是中国名酒之一。

达人提示

以五粮液、剑南春、泸州老窖、全兴、沱牌、郎酒等"六朵金花"为代表的川酒文化是我国酒文化的一朵奇葩。

第10章　川东南玩全攻略

04 旅游实用信息

衣物	川东南属中亚热带湿润季风气候，年平均温度在17.5℃左右，夏无酷暑，冬无严寒，气候温和，雨量充足。去川东南旅游，只要带足常备衣物即可
药品	一般药品如维生素、创可贴、红花油、纱布胶布、感冒灵、黄连素、胃药、眼药水等必备。晕车的朋友最好备有晕车药
最佳旅游季节	川东南最佳旅游时间是5—6月和8—9月

川东南攻略：交通

01 航空

　　川东南境内有泸州蓝田机场和宜宾菜坝机场两个机场，其中泸州蓝田机场为四川第二大航空港，已开通至北京、上海、广州、深圳、昆明及贵阳等大中城市民航客运直达航班，是川南的重要航空港。菜坝机场为二级机场(4C级)，最大起降机型为波音737，距离市区7公里，已开通至北京、上海、昆明、广州和深圳等地的航班。同时，成都双流国际机场、重庆江北国际机场也是省外、国外游客进出这一区域的重要机场。

02 火车

　　川东南地区有内昆铁路(北接成渝铁路，南接贵昆铁路)过境，可通往全国各地；另有地方铁路金筠铁路、宜珙铁路等，铁路运输较发达。

03 轮船

　　岷江和金沙江在宜宾市区汇合始称长江，以宜宾市区为中心，沿岷江向西北而行可至四川乐山，沿金沙江向西南而行可抵云南水富，沿长江东下可达上海。

04 客车

　　川东南公路交通很方便，经过宜宾境内的国道就有：213国道、国道主干线GZ40。高速公路已建成通车的有内宜高速(北接成渝高速)和宜昆高速(宜宾—昆明)。

05 区内交通

　　川东南地区城市内都有公交车，票价在0.5～2元不等，出租车主要为桑塔纳、捷达、富康等，车型不同，收费也不同，起步价3～5元不等。另外，宜宾还有人力三轮车，起步价2元，根据路程不同价格有所变化，但政府管制路段无法营运。

川东南攻略：饮食

川东南美食很多，宜宾燃面不仅是宜宾美味的招牌，更承载着宜宾饮食文化的内涵。泸州滨江路旁的坝坝鱼馆子别有风味，自贡的火边子牛肉、水煮牛肉、菊花牛肉火锅等盐帮菜也值得一试。

01 富顺豆花

自贡富顺的豆花是一种嫩豆花(或称水豆花、灰馍儿)，因其鲜嫩可口而流传广、影响大，在中国餐饮文化中占有一席之地。

达人提示

富顺豆花的配方、制作，自有其历史渊源和独特之处，米饭、豆花、蘸水三位一体，密不可分。

02 鱼头火锅

在泸州美食中，鱼头火锅能占一席之地，品种有长江鲜鱼黄辣丁、沙锅鱼、半汤鱼，口味为家常麻辣，鲜美而不燥火，川南风味突出。

达人提示

相传四川火锅起源于长江与沱江交汇处的川南重镇泸州，这里的火锅业兴旺，造就了许多品牌的火锅店。

四川·九寨沟玩全攻略（图文全彩版）

03 自贡兔肉

自贡的麻辣兔肉非常有名，而且自贡人既吃兔肉又吃兔腿、兔头和兔肚子，辣椒是鲜辣椒剁碎的，兔肉脆而爽口，味鲜色美。

达人提示

漫步自贡，自流井老街，再吃到一碗辣到爆炸的兔肉菜肴，绝对是四川东南之旅的一个亮点，值得回味。

第10章　川东南玩全攻略

川东南攻略：住宿

川东南住宿相当方便。在泸州市内游玩，一般宾馆标间可以砍价到百十元，住在江阳区的市中心最为方便。在宜宾市内游览，入住叙府宾馆(人民路14号)及三星级酒都饭店(专署街5号)较为方便。在蜀南竹海景区游玩的朋友，可在长宁县内的竹海宾馆(万岭镇)过夜，蜀南竹海观楼避暑山庄、长宁绿风大酒店及江安竹海山庄等也不错。去龙华古镇的话，可以选择住在镇政府招待所、粮站招待所、八仙招待所等，每晚床位10～15元。自贡市住宿点也很多，其中以自流井区最集中。

川东南热门酒店推荐如下。

01 自贡汇东大酒店

自贡汇东大酒店坐落于自贡高新技术产业园区黄金口岸，是一座独具"井盐文化主题"的豪华四星级酒店，毗邻自贡汽车站2公里，火车站5公里，交通十分方便。汇东大酒店为四星级商务宾馆，价格在315元以上。

亲历记忆

典型的商务酒店，服务质量挺好的，交通也很方便，个人感觉早餐品种比较少。

02 宜宾竹海宾馆

宜宾竹海宾馆位于蜀南竹海内，在距西大门仅500米之隔的小桥社区里。这里不仅是景区的购物中心，还拥有"忘忧谷"等著名景点。

219

亲历记忆

这是一个很有风格的酒店，能满足不同层次的旅客的要求。我们住的是标准间，感觉酒店内的风景就足够让你感受竹乡风韵的了。

川东南攻略：购物

川东南物产极其丰富。其中宜宾的著名商品有宜宾红茶、金丝牛肉、叙府芽菜、五粮液等；自贡制灯业久负盛名，来自贡可以挑选一款自己心仪的灯；400多年的泸州老窖池使得产出的泸州酒浓郁醇香、清洌甘爽，饮之则回味无穷，其诸多的产品中以国窖1573最为著名。同时，泸州的郎酒、桂圆、荔枝等在国内也享有美誉。据宋人罗大经的《鹤林玉露》所录，"一骑红尘妃子笑，无人知是荔枝来"中的荔枝便是泸州的荔枝。

川东南特产推荐如下。

第10章 川东南玩全攻略

01 泸州老窖

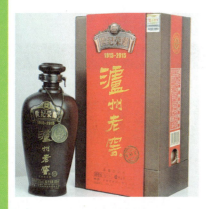

泸州老窖酒的酿造，钟天地之灵气，聚日月之精华，贯华夏之慧根，酿人间之琼浆。其施曲蒸酿，贮存醇化之工艺，不仅开中国浓香型白酒之先河，更是中国酿酒历史文化的丰碑。

达人提示

泸州老窖的历史，与源远流长的巴蜀酒文化密切相关。而三星堆文化遗址的时间上限为4800年前，也为泸州老窖的发展寻到了源头。

02 鹅肉干

南溪县隶属宜宾市，南溪豆腐干随着世界最大豆腐干的产生而享誉世界。其实，南溪还有一种特产小吃也很受人们的喜爱，那就是鹅肉干。

达人提示

据了解，南溪的"四川白鹅"，因个体适中、肉质好、产蛋量高、绒质好、食草性强、饲养历史悠久而闻名于世。

川东南攻略：游玩

川东南地区，气候适宜、历史悠久、物产丰盈，具有丰富的旅游资源。其中宜宾是长江上游开发最早、历史最悠久的城市之一，是南丝绸之路的起点，素有"西南半壁古戎州"的美誉，也被称为"万里长江第一城"及"中国酒都"。自贡是川南地区第一座拥有100万人口的大城市，是川南区域的中心城市，恐龙、井盐和灯会被称为自贡的"大三绝",龚扇、扎染和剪纸是其"小三绝",素以"千年盐都"、"恐龙之乡"、"南国灯城"、"江姐故里"等美誉而蜚声中外。

川东南热门景点推荐如下。

01 蜀南竹海

蜀南竹海为国家首批4A级旅游区、"中国国家风景名胜区"、"中国旅游目的地四十佳"、"中国生物圈保护区"、《中国国家地理》评选的中国最美的十大森林之一,以万顷竹海著称,其中天皇寺、天宝寨、仙寓洞、青龙湖、七彩飞瀑、古战场、观云亭、翡翠长廊、茶化山及花溪十三桥等景观被称为"竹海十佳"。景区内空气清新纯净,负离子含量极高。

玩全攻略

地址 位于宜宾市境内长宁、江安两县交界处。

门票 88元,竹海索道单程30元,来回40元。

达人提示

相传,蜀南竹海所在的"万岭山"原是女娲娘娘补天时遗落的赤石。瑶箐仙子自天南而下,落脚于"万岭山"的荒山野岭之中,日出日落,播撒翡翠,贫瘠的万岭山终于变成了一块碧玉,这块碧玉就是今天的蜀南竹海。竹海里的清江河,则是她遗落的那条白丝绢。

02 恐龙博物馆

自贡恐龙博物馆是在世界著名的"大山铺恐龙化石群遗址"上就地兴建的一座大型遗址类博物馆,也是我国第一座专门性恐龙博物馆。馆藏化石标本几乎囊括了距今2.05～1.35亿年前侏罗纪时期所有的已知恐龙种类,被美国《全球地理杂志》评价为"世界上最好的恐龙博物馆"。

第10章 川东南玩全攻略

玩全攻略

地址 位于四川省自贡市。
路线 乘3、11、31、35路公交车可达。
门票 42元。
最美看点 恐龙化石及其埋藏遗址。

摄影指导

恐龙博物馆内有很多恐龙化石，都可拍摄。

03 兴文石海

　　兴文县因其石林、溶洞遍及16个乡，故有"石海洞乡"之誉。兴文石海公园内各类地质遗迹丰富，自然景观多样、优美，历史文化底蕴丰厚，各类地质遗迹与独特的僰人历史文化和丰富多彩的苗族文化共同构成了一幅完美的自然山水画卷。

玩全攻略

地址 位于四川省宜宾市兴文县。
路线 宜宾南客站有车直达,车程约4个小时。
门票 90元,观光车30元。
最美看点 兴文地质博物馆、兴文石海等。

摄影指导

石海与当地苗寨构成的优美画面,不容错过。

04 李庄

李庄,是一个文化和历史遗迹沉淀的古老小镇,也是一个诉说着抗战风云和沧桑的古老的小镇,位于宜宾东郊长江南岸,素有"万里长江第一古镇"之称。李庄距今

第10章 川东南玩全攻略

已有1460年的建镇史，是长江边上的千年古镇，依长江繁衍生息，形成了"江导岷山，流通楚泽，峰排桂岭，秀流仙源"的自然景观。这里气候宜人，地形平坦，水陆交通便捷，历史悠久，人文景观荟萃。

玩全攻略

地址 位于宜宾东郊长江南岸。
路线 宜宾南岸汽车站从早上到下午都有去李庄的车。
门票 免费。

达人提示

李庄白肉是李庄一个远近驰名的金字招牌，因此才有"到了李庄不品尝李庄白肉等于没到李庄"的说法。李庄白肉，主要集中在选料精、火候准、刀工绝、调料香4个要素上，缺一不可。

05 佛宝森林公园

佛宝原始森林公园是国家级森林公园，地处四川盆地南缘，是大娄山北脉尾部的原始森林区。这里是树种保存完整而丰富的常绿阔叶林带，是四川的生物资源基因库。景区内有碧波浩瀚的竹海，还有溪洞纵横、飞瀑流泉的水景。丹霞地貌与绿色森林巧妙配合，形成了"红石绿树相映，风光独具一格"的景观效果。

玩全攻略

地址 位于四川省泸州市合江县。
路线 从泸州长途汽车站乘车到合江县，再转乘到佛宝的车。
门票 30元。
最美看点 山水风光、丹霞地貌及苗寨等。

摄影指导

为了能够更好地还原佛宝森林公园的颜色，以及逆光拍摄时对明暗层次的记录，应该首选RAW格式进行拍摄，它会真实准确地还原绿色的草地和蓝色的湖水。